［中學生］晨讀10分鐘

做自己，不一定要叛逆

羅怡君 選編

CONTENT

Chapter 2 無聊學

Chapter 3 人際學

CONTENT

選編人的話

做自己，需要的「叛逆」是能力，不是個性

在翻開這本書之前，我想邀請你仔細看一下本書的推薦人，或許你有聽過其中一些人的故事，他們在我心中不僅是很有成就的人生英雄，也是做自己的「叛逆代表」。我知道這些人乍看之下都很「正經」，也得到大家肯定和效法學習，根本是人生勝利組，哪裡叛逆了？

他們最明顯的共同點：都是自己人生職涯的「創辦人」，從頭到尾「做自己」。

特別挑選這個主題，是因為「做自己」被塑造成一件很不容易的事，在生存壓力和社會風氣下，不論大人小孩、男女老少，好像都被迫選擇、服從某些不喜歡的

規定或「潛規則」。

你可以觀察一下各式各樣的排行榜，那些賣書的、賣潮T的、流行音樂、零食包裝、瘋傳哏圖……，要麼就是黑色幽默、負能量爆表，不然就是充滿叛逆的帥氣宣言；正因為做不到，所以看到那些文案正中下懷，消費時讓自己感覺好一點，證明自己也很有個性和想法。

國中時成績才藝各方面還不錯的我，是全校知名的「母老虎」，只要我認為不公平的規定，都會和校方老師反映。說也奇怪，只要是我開口幾乎都能改變，但是同樣內容換了別人說，就變成「反抗、頂嘴」，甚至被懲罰。我很快觀察到這個現象，也領悟出人生第一個生存法則：

重點不是說的話對不對，而是別人願不願意聽你說；

想要別人聽你說，必須先讓對方認可你。（其實你也是這樣不是嗎？）

被認為有能力的人叛逆，別人會說有個性；沒有能力的人搞叛逆，就是一場胡鬧而已。

當時學校老師們認可的能力是「成績」，剛好我有這個優勢，所以容許我大放厥詞、甚至委派改變的任務。雖然我並不認同成績代表一切，但那就是當下的現實，想要澈底改變遊戲規則，我必須先成為其中一員。

這些領悟幫助我節省許多不必要的力氣，也更有籌碼去改變我想改變的事情；在高中被稱做「迅猛龍」，出職場後又變成別人口中的「鯰魚」，現在回顧這些「綽號史」，證明「做自己」也可以活得很好。

雖然每個人的際遇不盡相同，但共同面對的生命課題卻大同小異。這本書正是期待能帶領你思考、領略屬於自己的「生存之道」，運用正確策略早點開始好好「做自己」，這個世界才沒有白白浪費你這位獨一無二的人。

你的特質就是演化的本錢，走出別人設定的迷宮

常聽到其他大人鼓勵孩子們：「你們每個人都是獨一無二的喔！」但是聽的人卻一臉漠然，這句話若沒有搭配具體的建議和內容，充其量只是空泛的敷衍之詞。若無法看重自己，就會依賴外在肯定才有自信，那些獎狀獎杯嘉獎讚美，就像孫悟空頭上的緊箍咒一樣，逼著你順服所有他人設定的規範。

我們一出生就像被放在迷宮「入口」，在生命結束之前，沒有選擇的經歷迎面而來的未來，即使是七十歲老人也無法喊停，必須一步一步往八十歲邁進。成長不只是青少年的課題，而是這輩子都逃避不掉的功課，若不想思考只按照迷宮方向前進，那只是「變老」，而越老越沒有做自己的本錢。

你當然可以選擇進入遊戲設定，好好享受這個單行道迷宮，一點問題也沒有，但若你對現況有些不滿、不安，也想跳出這些設定框架，那麼你需要的正是找出自

己獨一無二的特質並看重自己。青少年小說《時間的皺摺》裡，主角梅格在別人眼中是個充滿問題沒耐性的怪咖，沒想到卻是因為沒耐性這個特質，讓她成為跨越時空解救父親的關鍵人物。這樣一想，你的「缺點」會不會也是某種特別的禮物，只有你不斷思考、尋找「何時何地使用」，才能轉換為演化的優勢條件。

該思考什麼呢？我也不確定！不過我嘗試提供四個方向給你參考：失敗、創意、人際、未來，這些很少人、也很難提供給你意見的議題，就是迷宮外廣大的未開發之地，接下來的旅程交給你，我們在閱讀和冒險的路上見嘍！

推薦序

你想成為一個怎樣的人？
——寫給學弟妹的一封信

文／品學堂創辦人、《閱讀理解》學習誌總編輯　黃國珍

各位同學好，在你開始讀這本書前，很歡迎你先讀完這封信。我希望能幫助你更理解這本書對你的重要。

我和怡君老師認識雖然只有三年的時間，見面的機會又大多數與工作有關，但是並沒有影響我對她的熟識和欣賞。

怡君老師近幾年的工作重心，從職場上轉移到教育領域，以一己之力籌辦一個

給親子或家長間，能共同參與演講與交流的空間，而她自己也在其中以讀書會的形式，帶領孩子閱讀、討論小說，啟蒙孩子的閱讀心靈。我相信她當初退下職場中成功主管的身分，做這個決定，在旁人眼中應該被視為是種叛逆的行為，但我知道怡君老師有不同的想法。

到底什麼是「叛逆」？幾年前一次老同學聚會，席間天南地北的聊天，話題從工作、生活、家庭、孩子聊到青少年的回憶，忽然有位朋友談起她青少年叛逆的回憶。他說當年不知為何，父母、老師的話怎麼都進不去耳朵裡。自己的想法或想做的事，總是逆了大人的意，因此衝突不斷。他這段話引起現場幾位同學的附和，每個人似乎都有相似的歷程，每個人之間的差異只有時間的長短及日後如何修復衝突後的關係。當時我並沒有熱烈參與這話題，並不是因為我沒有叛逆期，而是我說不出我的叛逆其實還在持續著……

當時我的叛逆行為，包括曾經離家出走近半年沒跟父親說話。在學校裡大家看漫畫，我看小說。同學流行聽Ａ－ＨＡ，我偏要聽蕭邦、拉威爾。我有很多好同學，卻很少人在我心中成為真朋友。我不孤僻，卻孤獨，期待被理解，卻少有同輩有能力。我以優異的成績從藝術學院畢業，手上有國外藝廊的經紀合約，卻選擇放棄走上成為藝術創作者的路。在創意指導領域工作十年後，放下一切選擇教育領域從零開始創業……這一路的每個選擇在他人的眼中都像是不成熟、衝動的叛逆。有好些年我一直說不清楚是什麼原因，讓我選擇了那與理所當然相反的路，直到有一天我意識到這一切，是因為我渴望「做自己」。

「做自己」是一門重要的功課。父母給予我們軀體與生命，但我們要用這珍貴的生命與的奇妙軀體創造什麼事，成為怎樣的人，是一生的功課，而青少年時期是這門課新學期的開始。

如果你問：「做自己這門課如果這麼重要，有沒有參考書可以看或是有人整理好重點筆記呢？」有啊！未來各位會發現與這門課相關的書很多，但是那些書對現在的你來說都還太難。如果你現在就想去讀，像我年輕時一樣，我覺得很好，雖然會花你多一點時間，我相信你還是會有收穫。不過，各位年輕朋友，現在你有更好的選擇，因為羅怡君老師這本《晨讀10分鐘：做自己，不一定要叛逆》從上過課的學長與學姐都認為非常重要的四個主題——「失敗」、「無聊」、「人際」與「未來」，以一位大學姐的經驗，為各位講述其他學長姐的故事，並且幫各位做好筆記摘要和值得你思考練習的提問，幫助你理解每個篇章，將其中的學習帶回生活中，從而有能力在失敗中看見機會；在無聊中為自己找到目標；在與人交流的過程中積累力量；在你還年輕的生命中，創造自己與世界的未來。

讀完這封信是不是覺得這本書很棒啊！希望你讀完這本書後能明白，也學會做自己，不一定要叛逆。

推薦序

四顆成長魔法石，陪孩子面對生命中不可或缺的議題

文／基隆市銘傳國中閱讀推動教師　林季儒

「每次晨讀我都是舒適而且自在的，我很喜歡這段放鬆身心的時光！」

「聽著旋律輕快的慢歌，享受著沒有人聲的晨讀時光，我非常的期待！」

「上了國中有了晨光共讀，讓可以讓我把學習壓力放在一旁……整個人都超輕鬆的！」

「晨讀的寧靜氣氛令我無比享受！」「我覺得國中有晨光共讀滿酷的！」「我發

現我閱讀的速度越來越快了！」「我覺得晨讀真的是個好東西！」……從把第一本《晨讀10分鐘：成長故事集》交到孩子們的手上至今已經十二年了，晨光共讀的卓著成效早已經從無數的校園實證中得到推崇與認可，而這些推崇與認可的聲音不僅來自教師、社會大眾，更來自每個天天都期待著用這十分鐘精采魔法點亮一天學習序章的青少年！

由親職溝通專家羅怡君老師精選規劃的全新《晨讀10分鐘：做自己，不一定要叛逆》就是這樣定錨青少年的需求而令人期待的閱讀魔杖。我們都知道，青少年是終身閱讀力的奠基時期：我們可以從閱讀中形塑孩子的學習力、思辨力，亦能從中厚植孩子的競爭力、續航力，更能為這些邁入全新學習階段的年輕讀者帶來依循與典範——無論是向外遠眺世界或向內省視自己。

本書不但具備以上特點，更進一步針對國中生新課綱的學習痛點，量身打造由品學堂針對選文編寫的《閱讀素養題本》，從人權與性別平等到多元生涯發展，從跨領域與議題融入到長文閱讀策略，全方位為忙碌的國中生聚焦提供最適切的延伸閱讀素材，再加上每篇都附上能輕鬆引導思辨的「怡君老師的非典型思考時間」，完全是親師生心目中完美的「閱讀古靈閣」！

在存放著全部閱讀寶藏的古靈閣中，擅長運用溝通和創意解決教養問題的作者為孩子們存下了四顆最熠熠生輝的成長魔法石（Philosopher's Stone）——幫助青少年打造自由人生的四個關鍵字，讓孩子們透過閱讀親自去探尋失敗學、無聊學、人際學與未來學，這些成長過程中最不可或缺的生命議題：

第一顆成長魔法石讓孩子們在認同與理解中明白：失敗是新的開始，在輸得起的年紀就應當無畏的全力奔跑；第二顆成長魔法石讓孩子們在練習獨處的過程中體悟：別再抱怨無聊，其實你離創意已經非常近了；第三顆成長魔法石讓孩子們在認可情緒，設立人際界線中領會：人際學是一門別人越幫越忙、只能自學的人生必修課；而最後一顆成長魔法石讓孩子們在勇於直面未來時了解：原來，有意識的空白，才能容納未來無限可能！

面對挫折與未來是人們一生的功課，沒有人可以避開失敗與迷惘：我們都知道要挺身而出對抗敵人和朋友需要很大的勇氣，但卻不知道要挺身而出、認清自己，並做出改變需要更大的勇氣！失敗學、無聊學、人際學與未來學，這四顆魔法石必須用成長的淚水與汗水擦亮才能握在自己的手心，也才能發揮其無盡的價值。把《晨讀10分鐘：做自己，不一定要叛逆》交給孩子吧，他將因為這每天十分鐘的閱讀魔法而在意若思鏡中看見真正堅定的自己！

推薦序

給青少年的心靈提供多元養分

文／臺中市大元國小教師　蘇明進（老ㄙㄨ老師）

一直以來，很喜歡「晨讀十分鐘」這系列。能讓孩子們在短短十分鐘，就能快速閱讀到一個又一個豐富而有趣的人生。

更重要的是，每位選讀人總是施展其畢生絕學，在無垠書海裡挑出最具代表、最能滋養孩子們心靈的好文章。

這些年，與本書的選編人羅怡君更為熟識，我很欣賞她的海量閱讀、腦中自帶大型邏輯運算機，她對事物都有靈活、多元的見解，不經意就會冒出幾句金句，常讓我感到佩服不已。也因此，由她來詮釋如何「做自己」又「不叛逆」，真是再恰當不過了。

這本書《做自己，不一定要叛逆》，本著想寫給中學生女兒的初衷來編輯，書中含括四個部分：失敗學、無聊學、人際學、未來學，每個篇章都是精準擊中青少年的煩惱與困惑。

前幾天，才與朋友私訊閒聊，我們總是對於孩子表現出沒有學習動機、故作冷漠、凡事不感興趣、時常喊著無聊……的現況憂心不已。其實，這些都只是孩子害怕失敗，或是不清楚失敗為何的行為表徵。

只是我們並非親職教養專家，很難針對孩子的問題有所突破。所幸，現在有了《做自己，不一定要叛逆》這本書。

我很喜歡怡君在每個篇章之前，對於失敗、無聊、人際、未來都給予全新的定義。再搭配各個名人的人生故事與見解，讓這些議題，不再只是單向、負面的人生煩惱，而是賦予它們更深刻的存在意義。

例如：把「自我」與「失敗」脫鉤看待，就能客觀吸收別人無法給你的寶貴經驗。你可能考試失敗、做實驗失敗、創業失敗，但不是「你很失敗」。

又例如：無聊訊息帶給你的暗號，是以身體為導引、讓潛意識說話，去找與平常不一樣的事情做。大腦就會產生新思維，以蓋過舊有的觀念，冒出平常怎麼思考也想不出來的新想法。

我很喜歡這本書在每篇文章後，都有一個「非典型思考時間」。針對前面文章，提出各式各樣、腦洞大開的發想與提問。每次都讓我停下閱讀，好好思考更多元的價值判斷。這些「非典型思考時間」，實在是太具魅力。

除此之外，更具特色的是，這本書還附上一本由品學堂編寫的提問設計。每閱讀完書中一篇文章，就會有該篇文章相對應的閱讀理解題目。這樣的設計，會不會太超值了？

書還沒翻完，我就決定要偷偷的把這本書，擺在小蘇姑娘的書桌上，放在她最容易看見的位置，這是這年紀的她最需要的養分。我也打算去多買幾本放在班上，推薦給那些故作冷漠的冰山男孩、成天喊著無聊的孩子們看，相信一定對他們有很大的幫助。

你也想讓心靈得到滋養嗎？那就翻開下一頁看下去吧！

01 失敗學

想想每場比賽，焦點總是在前三名身上，你還記得多少落敗選手呢？所以別再覺得丟臉而不願嘗試，大家只會記得「最後的成功紀錄」，而非中間失敗的過程。

引言

為什麼我們讚頌失敗卻又不想承認？

一本給莘莘學子閱讀的書，為什麼翻開第一章就談失敗？

當你讀完報導的成功人物故事，除了文章想傳達的勵志、立志之外，還有哪些其他感受呢？或許你的答案也和我類似，有時候心底隱約冒出一種想法：我怎麼這麼差勁？看看現在自己的生活，未來還有機會像他們那樣嗎？

讀者們當然知道成功人物也曾失敗，只不過在後來的談話專訪裡，失敗比較像一種美麗的裝飾品，中間有低潮、挫折，然後突然出現了轉折或轉機，接下來進入

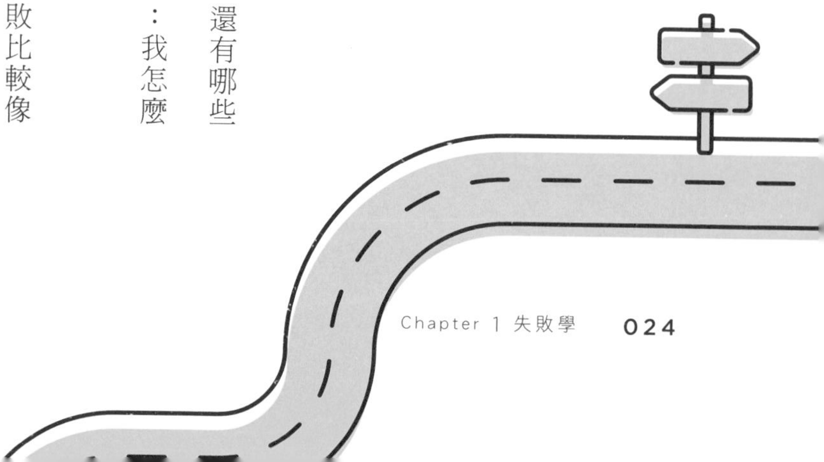

蓬勃發展的階段。因此我們明白要一試再試、越挫越勇，但究竟在失敗裡要思考什麼才能有所不同，進而抵達人生的轉捩點呢？

根據經濟部統計，從國內註冊公司數據來看，自行創業成功存活一年的只有百分之十，而這當中，五年之後又有百分之九十會關門倒閉。等等，怎麼跟我們印象中微型創業遍地開花、臺大畢業賣雞排還年收百萬的印象不大一樣？

心理學有個理論叫「生存者謬誤」（survivorship bias）可以解釋這個現象；簡單來說，我們只看得到成功者樣本，而無法得知失敗者的經驗，忽略其他重要訊息，導致獲得錯誤結論。舉例而言，假設全國榜首分享他的讀書祕訣是手抄筆記、每天早上必吃雞蛋，可能很多人起而效尤卻成績不見起色；你根本沒有機會知道眾多失敗者的故事，也許失敗者中也有人勤抄筆記、注重營養，這些根本不是成功的

關鍵。

不知道該如何面對、思考失敗這回事，我想這是不願談論失敗的原因之一。其實「生存者謬誤」還能順帶解決另一個迷思：大家不一定會注意到失敗的案例。事實上，多數人忙著錦上添花、模仿學習，聚光燈都打在成功者身上，根本沒人有空注意到黑暗中眾多的失敗者；想想每場比賽，焦點總是在前三名身上，你還記得多少落敗選手呢？所以這麼一來，實在不需要因為害怕丟臉而不願嘗試，大家只會記得「最後的成功紀錄」，而非中間失敗的過程。

近年來廣受歡迎的「負能量金句」或許能幫上一點忙。這些看似「負能量」的內容，正是以「黑色幽默」的方式協助人們坦然接受不公平的現實條件，或是一針見血指出自身盲點，甚

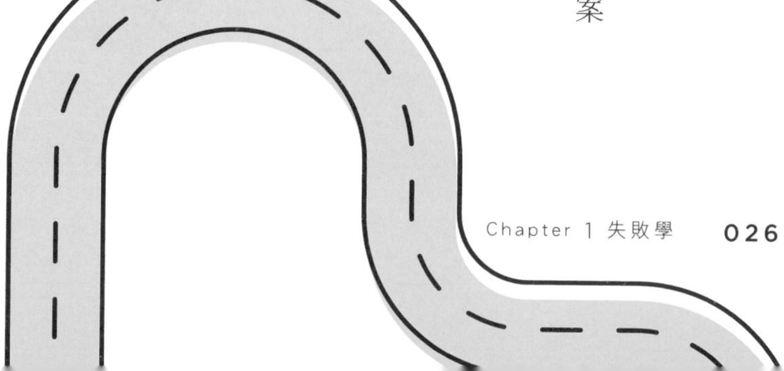

至會有「別人也和自己一樣」的同理效果，舉幾個例子，看看你是否也會笑中帶淚：

條條大路通羅馬，但有人出生就在羅馬。

上帝關了一扇門會幫你開窗，只是祂可能不知道你在幾樓。

不多出去走走，不知道躺在床上多舒服。

比我強的人都很努力，那我努力還有什麼用。

如果擺錯地方，鑽石也會被當石頭。但是石頭不管擺哪裡，都還是石頭。

人生就是遊樂園，大多數的人都是工作人員。

利用這些負能量語錄，就是面對失敗的第一步，在自己接受負面情緒後，好好的休息一下，笑笑之後不妨開始練習接寫金句：

條條大路通羅馬，但有人出生就在羅馬。

↓可憐的是他這輩子只去過羅馬

上帝關了一扇門會幫你開窗，只是祂可能不知道你在幾樓。

↓所以應該要隨時注意祂在哪開窗

不多出去走走，不知道躺在床上多舒服。

↓當我習慣舒服時，就應該出去走走

比我強的人都很努力，那我努力還有什麼用。

↓不能只是努力而已，還要有策略

如果擺錯地方，鑽石也會被當石頭。但是石頭不管擺哪裡，都還是石頭。
↓那就好好做顆難得一見的奇石，不要幻想自己是鑽石

人生就是遊樂園，大多數的人都是工作人員。
↓至少還在遊樂園工作，不然你想去哪裡？

寫完之後，心裡是否舒坦一些呢？
「失敗學」這一章，期待邀請讀者們重新翻閱失敗的記憶，重新檢視失敗帶來的珍貴線索，那是上帝在哪層樓開窗的重要暗示；每個人都有自己專屬的人生獎杯，錯領別人的沒有意義，更是白忙一場，你說對嗎？

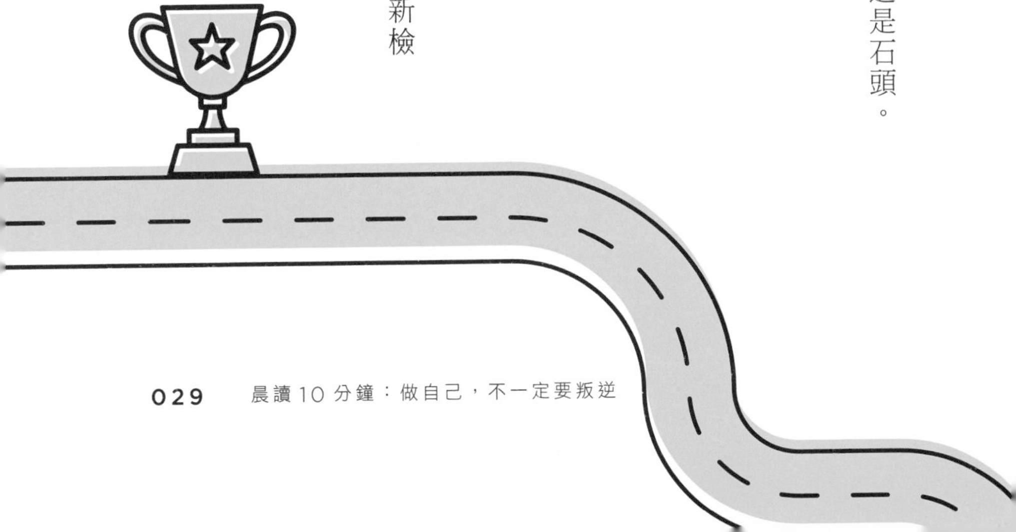

不良品的意義：發現別人尚未得知的寶藏

文——羅怡君

你一定聽過「失敗為成功之母」這句話，但是幾乎所有人都在討論成功。我們聽著成功企業家的豐功偉業，雜誌封面故事盡是成功人士的專訪，就連教科書上都會有以他們為背景的勵志文章，不禁讓人懷疑「失敗」真的很重要嗎？如果很重要，為什麼沒有人討論失敗呢？

看看工廠裡生產瑕疵的「不良品」，或是因為外觀不甚好看、被丟在市場角落的「醜蔬果」，我們極力避免這些讓人感覺厭惡的紀錄和物件，簡直就是證明失敗的呈堂證供啊。

父母、家人朋友、教育機構或者生活中的經驗，形塑我們對於成功的定義，但同時也限制我們對成功的想像，無法達到便成為「魯蛇」，這樣的邏輯主宰著多數人的價值觀。當很多人的成功定義是有名或有錢，那麼我們就像是把自己推進某一條擁擠的生產線，想盡辦法追求完美出廠。

然而正如你所知，絕大多數人，包括你的老師和父母都沒有這些成功，世界上的貧富差距越來越大，名利集中在少數人手裡，那麼你覺得其他大人失敗嗎？

我們來看看兩個故事。

如果你正坐在書桌前，或許手邊就有便條紙這項文具用品，現在有非常多品牌和造型供你選擇，其中3M POST-IT便利貼便條紙，是研發生產這類產品的第一家公司，你知道這項銷售已經超過一世紀的產品，前身竟然曾經是失敗不良品嗎？

當時任職於3M的化學工程師雅特．福萊，工作之餘也是教會唱詩班的一員，每週日都會獻唱詩歌，他習慣在歌本內夾一張書籤，標記準備獻唱的頁數，不過卻常常遇到一個小麻煩，書籤若不小心掉落，很難再找回正確頁數。他想到若是在紙片背面塗膠，可以暫時黏住又不傷害紙張，這樣就可以解決這個困擾了。

3M原本就致力於開發各式各樣的膠，曾有位研究員史賓賽．席爾佛在一次實驗中發現調配出來的某種膠，無論貼上任何物品都能輕易被撕下來。膠的目的就是要黏著不同材質或介面，這項「不黏的膠」沒有人知道如何應用，很容易就被視為「失敗品」，默默存放在實驗室資料庫裡。

雅特．福萊想起這款不黏的膠，於是和席爾佛一起研究，將這款膠塗在紙的背後，並製作少量樣品發放給公司祕書們，還有前五百大企業的祕書試用，結果反應大獲好評。後來的故事你知道了，這項被命名為POST-IT的便條紙改變了你我的留言方式，甚至成為藝術家創作的素材。

許多了不起的發現都源自於錯誤：探險家哥倫布找的是印度，卻意外登陸美洲發現新大陸；亞歷山大·佛萊明之所以發現盤尼西林，是因為他注意到自己培養皿中長了抑制細菌的黴。

或許你會質疑現實競爭的工商社會也有這樣的案例嗎？來看看加拿大運動品牌Lululemon的故事。

Lululemon創辦人原本從事滑雪板、滑冰、衝浪用品等批發生意，努力慘澹經營十八年後，生意毫無起色，只好宣布倒閉。不過他將對運動的熱愛、對科技應用的著迷轉向為瑜伽運動服飾，開啟社群經營與全新銷售模式，如今成為全球運動界的精品品牌，百分之九十五的產品無須折扣就能銷售完畢。創辦人曾公開發表欣賞過去那十八年的失敗經驗，並強調把自我與失敗脫鉤看待，就能客觀吸收別人無法給你的寶貴經驗。

脫鉤的意思是，你可能考試失敗、做實驗失敗、創業失敗，但不是「你很失敗」。

二〇一〇年芬蘭開始發起十月十三日「國際失敗日」，鼓勵大家把自己的失敗經驗上傳到社群軟體並加上#DayForFailure，好好談論分享失敗經驗；據說巴黎也有個「錯誤節」，以此鼓勵孩子有犯錯經驗，以及有勇氣挑戰不敢突破的限制。

知名政治家及發明家班傑明．富蘭克林便曾說：「成功的人會犯很多錯，但他永遠不會犯什麼都不做這個錯。」若這個「尚未成功」的事件並未影響對自己的評價，就根本沒有失敗這回事了，而應該將重點放在從這些過程中領悟到什麼別人尚未得知的寶藏。

「不良品」替人們突顯出生產線隱藏的缺陷；「醜蔬果」已在其他國家創造驚人的循環經濟；不黏的膠引領新產品的誕生；Lululemon拋棄批發、開發垂直銷售模式……，這些寶藏就是被貼上失敗標籤的驚喜彩蛋。

或許你會挑戰這個新定義：最後還不是因為他們在世俗的標準中獲得成功才能這麼說，但如果是一個一直失敗的人呢？

這真是個好問題。我想告訴你的是，一個不斷失敗的人，代表他仍然不斷嘗試，還沒有找到屬於他的寶藏彩蛋而已，但是他已經走在路上，那你呢？準備動身出發了嗎？

怡君老師的非典型思考時間

回想一下自己厭惡的「紀錄」：一場輸掉的比賽、一張畫、不如理想的成績單、當眾出醜的糗事、或是失去一位朋友……。有沒有發現有些事件再怎麼不願想起，卻像舊傷疤一樣提醒你曾經存在，而有些記憶卻逐漸模糊，甚至一開始忘了還有這回事。

那些久久想起來卻忘不掉的挫敗，就像電動遊戲裡的關卡，若你老是死在同一個地方，就會放棄這個遊戲嗎？ 我想你應該是選擇立刻上網查詢密技或是請教身旁的達人吧！

如同電動遊戲，其實人生也可以 reset，只是方法不一樣而已：每個階段的畢業典禮、每個營隊的結業式，甚至是未來轉換工作替你辦的歡送會，都是 reset 的契機，只不過該學會的還是得要自己來，狂按鈕仍然無法晉級啊！

延伸提問與思考

Q1 對比那些你幾乎忘記的事，為什麼你比較不在意呢？ 差別在哪裡？

Q2 那些無法完全忘記的失敗紀錄，有甚麼共同點嗎？

Q3 挑選一位你心中的「勝利組」（可以是大人或同學），聊聊他記憶中的挫敗，後來事情是怎麼發展的呢？

關於自信這件事

文——陳品皓

我們都知道自信心的高低，對於人際關係、學習態度或生活管理等許多層面，有非常大的影響力，萬一我的自信心不夠該怎麼辦？

自信心是一個很大的概念，包含許多元素，其中有兩個主要成分，組成一個人自信的核心內涵：第一個部分，是一個人對自我看重的程度，也就是覺得自己是不是重要或有價值的人；第二個部分，則是一個人相信自己有完成挑戰、解決事情的能力。

自我價值感

一個人看重自己的程度，叫做「自我價值感」。自我價值感良好的人，他相信自己是值得被愛的，別人也會看重他，人際互動通常也較為信任與良善。

一個自我價值感不穩定或低落的人，在關係裡往往是退縮的，很容易受到朋友的影響，沒有自己的主見。甚至有時別人說了一些話，明明和自己沒有關係，但價值感低落的人聽了就好像被刺到的感覺，誤以為別人在攻擊自己。

有些人會說這是「玻璃心」。但事實上，所有人一開始本來就都是玻璃心的，因為自我價值感是我們在成長過程中，透過自己的經驗、與家人的互動中慢慢建立起來的。

自我價值感之所以重要，是因為當一個人具備良好的自我價值時，他看重自己、相信別人，也能與旁人有良好的互動。

自我效能感

相信自己具備完成挑戰、解決事情的能力，在心理學上叫自我效能感，是我們相信自己能力的程度。自我效能感高，就是我相信自己可以把事情做好；自我效能感低，就是我不覺得自己有能力把事情做好。在生活的任何層面，這兩種心態都會帶來很不一樣的結果。

一旦相信自己有能力可以解決問題，在面對挑戰的時候，往往會比較主動，願意去面對、接受這些挑戰，並且努力做一些嘗試；相反的自我效能感低的人，往往會覺得自己沒辦法把事情做好，所以一旦遇到事情，就會直覺的想要逃避。

增進自我效能的三個方法

該怎麼培養自我效能感呢？

我們前面說過，自我效能感是一個人對自己有能力完成事情的相信程度，也就是「我可以」的信念。這種信念怎麼培養呢？關鍵就在成功的經驗與失敗的轉念。當我們做一件事情成功了，自然就會想繼續往下做，因為成功的經驗對大腦來說是很興奮的刺激。而面對「失敗」與「犯錯」的態度，則是另一個關鍵，畢竟失敗或犯錯會讓人充滿挫敗感，最後只想逃避。所以，自我效能感可以分成兩個部分：成功經驗的累積，以及面對失敗的態度。

對很多大人來說，失敗跟犯錯有些不一樣：爸爸媽媽心中認為失敗是孩子至少有先努力，而犯錯則是因為孩子沒用心，所以通常看待孩子失敗時會寬容一些，面對犯錯則會怒氣沖天。但事實上，不管是失敗還是犯錯，關鍵在於它帶給那個人的意義，如果我們只是處罰（責備）犯錯的後果，就可能令人產生逃避的心態。

許多師長都很習慣這麼說：

「你看看你，我就跟你說了吧！說了這麼多次，結果這件事你還是做不會！」

「我之前是怎麼說的？我是不是跟你說……我都說了八百次了！」

這些指責其實都沒錯，卻沒辦法幫忙提升或改進的空間，反而強化失敗者不能自我判斷的限制。所以從增進成功與面對失敗（犯錯）的兩個角度來說，我們可以透過三個方法來增進自我效能感。

第一個方法是：給自己選擇與承擔的機會。

若我們感受到大人們很容易幫自己做決定，像是出門要不要穿外套、襪子要穿哪一雙、該不該去補習……等等，那麼在事事被決定的環境中，沒有真正自己動手嘗試的機會，就很難意識到行為與後果的關係，從中累積滿足的經驗或自省的調整。

在生活中爭取選擇的機會，這是很重要的事情。大人可以幫我們決定大方向，但在適度的範圍中，練習自己做選擇，並為選擇承擔後果。很多大人管控孩子生活的程度細節到像在當兵：「吃飯專心吃，不要看旁邊！（為什麼不能看旁邊，會扭到？）」「坐好！不要駝背！（要不要順便挺直腰，板凳坐三分？）」「穿那件藍色的外套，不要穿這件！（你藍色系？）」「不要碰欄杆，很髒！（所以是不能洗手？）」「走路就好好走，不要用跑的，撞到人怎麼辦？（不就剛好可以練習怎麼說抱歉？）」

請大人們建議大方向，然後在細節開放，讓你自己承擔後果，並思考自己的能力能否承受最壞的後果。

第二個方法是：保留願意嘗試的動機。

請記得：「凡有肯定，必有保留。」一旦有任何新的嘗試或成功的經驗，不必等待別人也可以給予肯定，對自己說：「我看到你願意去做這樣的嘗試，嘗試本身非常重要，所以你真的很棒。」

有時候，我們可能在某個領域有很強的動機，在另一個領域就興趣缺缺，這也沒關係。因為自我效能感本來就會隨著不同科目或領域有所不同，你可能對英文很有天分，但對數學則是一竅不通，那你對英文跟數學的自我效能感就會不同，重點在於透過累積成功的經驗，建立自我效能感，然後這些成功經驗會形成自信，這才是我們最核心的目標，而不必要求樣樣都好、事事都有效能感。

拒絕本身也是一種嘗試（嘗試拒絕任何人都需要勇氣，並長出力氣），只是我們要評估，拒絕到底是真正思考利弊後的結果、還是想要逃避的說詞？

第三個方法是：用「事後學習法」增進自我效能感。

當真正犯錯時該怎麼辦？簡單來說，若目標是學習，就可以在犯錯後用提問的方式，幫助自己從犯錯中學習。

例如：「如果今天這整件事再重來一次，我會透過什麼樣的方式，避免這樣的結果？」這問題已經跳脫出對錯得失，而是重新回到事件過程中，透過事後的想像再看一次事件，並且從中學到改善的方法，這也是增加效能感的一種方式。「事後學習法」引導我們去思索面對事情時，可以怎麼重新做，然後把事情做好，越具體越好。

找到合適的學習方法與途徑

在學校中的學習，也跟自我效能感有很大的關係。比如有些人可能對英文就是提不起勁、沒有動機，而家長們常見的做法是跟孩子談條件，要是考得好就給獎勵。等到試過許多方法都沒什麼用之後，大人小孩可能兩手一攤直接放棄。

不論是談條件或放任不管，都沒辦法幫助我們建立對學習的內在動機。學習一定是充滿挫折的，如果缺乏成功的經驗，我們就不太相信自己有學習能力，自我效能感當然低落，而造成挫折的根源，往往是因為找不到適合自己的學習方法，例如老師上課實在太無聊、家裡沒有學習的氣氛、補習班太有壓力、家教太嚴格等。

學習低落通常與教學技巧還有學習方法有關，所以我們應該針對這些部分找出解決方式，畢竟，沒有方法或技巧的努力，就好比要人開好一輛沒有方向盤的汽車，問題不全然出在駕駛身上。一旦方法改變了，學習可能也就跟著改善了，自然會慢慢找到學習的樂趣，增進自我效能感。

在這篇文章中，我們分享了自信心的兩個主要部分——自我價值感與自我效能感。在成長階段這兩個部分都是不穩定的狀態，慢慢融合、成為未來自我概念的核心。因此，想要拋開「玻璃心」帶來的負面情緒和逃避影響，從錯誤或失敗中也能幫助自己建立自信心，絕對是必學的祕訣之一。

本文選自陳品皓《心理韌性》，二〇二〇，親子天下

怡君老師的非典型思考時間

日本有一項古老的技藝叫做「金繕」，主要是修補破裂之物，而因為最後使用金粉當作修繕材料留下修補痕跡，因而稱之為「金繕」。日本人發現，這些修補痕跡不但不掩飾裂痕，而是讓碎裂處更明顯，讓原物增添了新的意境更加美麗。這種接納脆弱、承認缺陷的修補哲學，讓金繕藝術不只是手工藝活，而是帶有禪意的生活態度，療癒許多人難以克服的困境。

我曾經在街頭攤位看見正在修補的金繕技師，他必須極有耐心的注視破損的「傷口」，再思考該用什麼材料，大缺口和小裂縫的用量不同，有些需要不同素材攪拌才能填補，最重要的是「留時間乾燥」，必須靜置一段時間才能繼續下個步驟。那張桌上有著不同階段的破損陶器，有的正靜待風乾，而師傅手上正進行最後研磨塗料、上金粉的收尾部分，完成品仍然需要風乾一段時間才算大功告成。

人活著誰不會感到痛苦、受傷難過？那原本就是我們的保護機制啊！玻璃心碎了沒關係，跟著金繕師傅學修補，好好注視接受這樣的情緒，別忘了留給自己一些時間，耐心的了解為何而傷，那麼這些修補痕跡正是你的獨特設計，展現脆弱的美麗藝術品。

延伸提問與思考

Q1 **你曾發現和誰說話聊天會讓自己越說越多、或者覺得自己真的很有想法？他們可能就是協助你建立自我價值感的人，好好珍惜他們並嘗試做這樣的人吧！**

Q2 **讚美也可能是一種壓力，讓自己下次不敢失敗以免讓人失望，漸漸成為玻璃心一族。回想這些「有毒的讚美」有什麼共通點嗎？**

Q3 **金繕師傅修補陶器用的是陶土和金粉，你知道用什麼方式修補自己的玻璃心嗎？預先找出面對失敗時可以做的三件事，那就是你的修補材料，如果試了不夠好，要記得更換喔。**

不能信任沒有失敗過的人

文——李惠貞

我人生中最瘋狂的決定，同時也是記憶中最大的失敗。

二〇〇八年，我離開前後待了八年的大塊文化，和朋友成立一間小出版社——晴天。當時並不是先有創業想法而做此決定，事實上我從沒想過當老闆，創業的念頭在此之前一刻也沒有出現在腦海中。

然而人生有非常多意料之外。當時陪先生抗癌，去見一位用數字算生命藍圖的諮商師，先生請他也幫我算一下，他建議我離開公司去創業。記得當時第一反應是怎麼可能。然而說也奇怪，此後幾天不約而同聽到類似建議，連搭計程車都遇到自稱會看面相的司機，說出我是從事跟寫作有關的行業，同時建議我應該換個自主性更高的環境。等到遇到老朋友提到她正準備離職，問我要不要一起創業時，我已經不認為這是天方夜譚了。加以那段時間讀了很多新時代的書，不免想著，這會不會是宇宙給我的指引？

不過促使我下定決心的最重要驅力其實與工作無關，我希望能做一件勇敢的事鼓勵我最重要的人。一心覺得一定要有所行動，否則就會輸給命運。「如果我能克服恐懼離開舒適圈，說不定也能給自己和身邊的人勇氣。」在那樣的時刻，創業的念頭為我的迫切提供了出口。

現在回想，兩個沒有財務概念且都有經濟壓力的人（朋友是單親媽媽），做這個決定真的天真。雖然第二本書《12歲的天空》就得了一座金鼎獎，但三年後仍是不堪虧損結束營業。

這件事帶給我很大打擊，不僅期間跟家裡借了不止一次錢，後來增資，也把信任我們的股東資金賠掉了。這筆債成了一生的陰影。對我來說，賠掉的是對我這個人能力的信任，我輸掉了比金錢更珍貴的東西。

多年後我再次離開企業獨立，一刻也沒想過要與人合夥，更沒考慮過創業找人投資。再也不願拿別人的錢，做超出個人能力以外的事。

現在說那幾年有種種收穫和累積，都是後話了。不過不可否認的，我能成為現在的我，過去每一段經歷都是助力。在獨立的道路上，充滿各種被忽視的遭遇，然而也有不在乎你的規模大小、願意從本質去傾聽和對待、帶來各種善意的人們。或許也因為如此，我感覺在晴天建立的情誼是此生最牢固的。

晴天結束後，一直很提攜我、同時也是晴天股東之一的巨思文化社長素蘭，邀我接任《Shopping Design》總編輯。沒有編雜誌經驗、也不是設計背景、又在自信心極度喪失的時刻，我推辭了好幾回，無論如何都不認為自己能勝任。我不想再失敗了。

但是素蘭對我說：「正因為你失敗過，會更知道如何經營。」

儘管過程果真跌跌撞撞，然而如今證明，接手這份挑戰，是我人生中最好的決定之一。又如果不是晴天結束，我也不會剛好趕上新工作的契機。

沒有過去那些天真的、冒險的決定，根本達不到今日的自由。

我相信，失敗教給我更多。學著謙遜，並且把任何際遇都當成過程。若將它看待成逗點，就會發現，新的情節和篇章，才正要開始。

「不能信任沒有失敗過的人。」但願從此更值得信賴。

本文選自李惠貞《成爲自由人》，二〇一九，維摩舍文教

怡君老師的非典型思考時間

當初選這篇文章時有些遲疑，雖然我讀了感觸良多，但擔心年紀尚輕的讀者們未必能體會作者分享的人生感受，不過最後讓我拍板定案的，就是文章最後一段那句「不能信任沒有失敗過的人」。

咦？這和多數人的認知或經驗不太一樣吧！面試時一定要說說自己的輝煌功績，否則別人怎麼會相信你？然而經過時間考驗，現在企業或學校也逐漸重視「失敗履歷」，因為他們發現從未失敗過的人可能是：

1. 不知道自己為什麼成功
2. 無法預料失敗時的狀態
3. 經常受到讚美，無法忍受不被注意
4. 認為自己功勞最大，難以團隊合作

或許這正是作者創業失敗後仍然受到肯定，被邀請擔任總編輯的原因，她的失敗成為勳章，提醒著她避開哪些地雷，只要願意有下一次，她成功的機率就比別人更高！

延伸提問與思考

Q1 如果你非常想做的事，很可能會以失敗收場，你還會去做嗎？為什麼或為什麼不？

Q2 作者認為過去的失敗經驗，讓她現在獲得真正的自由，這句話是什麼意思？

Q3 若能讓你選擇隊友或組員，讀完這篇文章之後，你的條件或想法有什麼改變嗎？

在輸得起的年紀全力奔跑

文——明星煌

人生會因夢想而沸騰，特別是你的夢想是願把心中所愛變成一生志業，那夢想會成為焰火，藏也藏不住，只需要星火，終將燎原。

對渴望的事物盡力而為，就不容易，就很棒了。

體會一下上面這句話。

盡力而為是正面詞彙嗎？這句話可以是你人生的批注嗎？

別鬧了，這句話給七歲的你，是溫馨。十七歲以後，請別太相信世界的溫柔，溫柔刀，刀刀都是《哈利波特》中的索命咒「啊哇呾喀呾啦」。

盡力而為遠遠不夠，你要全力以赴才行！你可能會困惑，盡力還不夠？當然不夠，盡力是有底線的，盡力是估量自己可以付出的，盡力是你認真做了兩個小時的練習題，腦子昏了就去滑手機，盡力是你無酬加班把一份報告終於完成，回家吃飯。是已經真的不容易沒錯，可盡力也僅是做到讓自己安心而已。

讓自己安心，不等於值得讓世界為你喝采

全力以赴是耗乾每一滴力氣，這才叫全力。全力是把題目做到沒有題可做，你可能在過程中煩躁得想發脾氣，但說好的全力，就是全部的力氣都拿來為目標認真努力，發脾氣也是要用力的，想想還是省省吧。全力以赴是完成了主管交代的企

畫，還要盡善盡美，爭取多做到讓人驚嘆，讓人知道我的能力卓越。為了展現自己的優秀，你需要的不只是沒時間吃飯加班，還要用荊軻刺秦王的決心吞下三杯黑咖啡，對著螢幕通宵。

荊軻為什麼沒有成功？因為他只是盡力而為，沒有全力以赴。如果他和我聊一聊，事情就會好很多。

在我的作家生涯裡，現在的我可以說非常慵懶了。慵懶到我瞥見「生於憂患、死於安樂」這幾個字都會抖幾下，彷彿我安樂的程度已經把自己走到了結局。

但在我職涯的開頭可不是這般雲淡風輕。很多身邊朋友或透過作品認識我的讀者，都認為我真幸運，大學時代就出書，從決定當作家到出第一本小說，中間歷經不到一年的時間，在兩岸繁體與簡體就都有我的著作，這已經不是幸運，是幸運女神是我媽的等級。

我當然不否認「時代的青睞是助力」，可我要告訴你，在我決定寫故事要出書，要讓我的書擺到誠品成為作家，靠的不僅僅是這八字，我是全力以赴的做好這一件事。在那一年裡，我想做這件事。除了上課時間，我不是在寫故事，就是在寫故事的路上。你問到什麼程度？回家洗澡完進書房，接著就是寫，吃飯也不配劇，以免吃太久，寫到我離開書桌就是躺床睡覺。我原本沒有帶筆電出門的習慣，那陣子，也是我唯一會搬著電腦到處走的日子。課間的三十分鐘，哪怕只有七、八分鐘的碎片空檔，我就把筆電拿出來琢磨一個句子，彷彿心中有個任務進度條，多完成1％是1％。

真的沒有浪費任何的空隙，這樣全力以赴的寫作就是一季。所以每每在講座對著那些想出書的聽眾朋友，我都無比肯定的說，你想當作家，只要你全力以赴，真的不可能會到不了。

然而時空轉換，如果今天我已年屆五十，我可能沒有那樣的時間、體力，去奮不顧身的只為完成一個信念，單純的相信一個理想能夠兌現。所以在能不問太多就相信自己夢想的年紀，燃燒靈魂的奔跑是更重要的，人越長越大，對相信自己這件事會逐漸痲木，因為看了太多失望，因為被社會打擊得太疲憊。

如果你什麼都不肯相信，那你就邁不開步子奔跑。問自己，現在的你有什麼輸不起的嗎？有一億美元的公司不能拋棄去尋夢，還是年薪百萬的職位捨不得放棄？都沒有，又覺得日子難受的話，請奔跑吧。

如果夢想在彼岸，那你必須有力氣勇敢到達。

我希望很久很久以後，你已經沒有力氣再去爭什麼的時候，那時候你是甘願的，甘願自己擁有的，對得不到的也釋懷，因為曾經發瘋的努力過。

但在你一生的故事說到很久很久以後之前，請你全力以赴，不要僅是盡力而為，不要只是看起來很努力，要真的絞盡腦汁，活成讓自己羨慕的樣子。

給限量版的你：

人越長越大，對相信自己這件事會逐漸麻木。

請在相信自己夢想的年紀，燃燒靈魂的奔跑。

本文選自明星煌《你要永遠不知好歹，永遠熱淚盈眶》，二〇二〇，天下雜誌

怡君老師的非典型思考時間

你知道世界上有間「失敗博物館」嗎？來自瑞典的「失敗博物館」館藏，後來引進臺灣策展，現場展出全球各大品牌的「創新失敗品」，包括你我熟悉的可口可樂、Sony、Nokia、福特、Volvo⋯⋯，涵蓋不同產業，例如通訊、娛樂、醫療、日用品，這些我們從未注意過（所以才叫失敗嘛）的商品，每一項也都是經過嘔心瀝血的產物，不禁邊看展邊想像產品專案負責人該怎麼「面對」？

你或許猜想很多人因為失敗而離職，其實並沒有；這並不代表失敗不必付出代價，起碼下架賠錢就是最直接的成本，然而有部分失敗品的負責人成為下次研發新產品的重點成員，只有他們擁有失敗的經驗值，才能「看出」別人未能察覺的陷阱，然後再來一遍！

輸得起的意思，未必是你能賠多少錢，而是你有多少時間可以重來。展覽牆上寫著電視製作人喬恩．辛克萊說的金句：「失敗只是黑青，不是刺青」。年輕人黑青復原得就是比較快，這點你不否認吧！

延伸提問與思考

Q1 若你成立自己的「失敗博物館」，至今為止你有幾項「館藏品」？這些你想蒐集、不想忘記的館藏品對你而言有產生任何意義嗎？

Q2 面對便當裡的各式菜色，你是先吃最喜歡的，還是先吃最不喜歡的？這跟你面對困境時的做法一樣嗎？想想看做法不同有什麼不同的意義。

Q3 很多人經常認為自己已經盡了全力。「盡全力」的意思是什麼？你認為的盡力有被認可嗎？如果沒有，落差在哪裡？

面對自己永遠不夠厲害的現實

口述——柯采岑　文字整理——郭依瑄

校長、各位老師、家長、貴賓、同學們好：

今天我很榮幸，能來擔任成大第一〇九級畢業演講的分享人，三週前，收到祕書室邀請，除了感覺惶恐之外，我在這三週的時間開始回想，我的學號是B97，今年是我二十九歲，也是我畢業的第八年。八年前，我也坐在舞臺下聽畢業演說。

我一直都是一個很喜歡聽畢業演說的人，能在二十分鐘的時間裡，聽到一個人的精華故事，是一件很有效率的事情。我也相信，每個分享者，都肯定把所有想說的話，精挑細選，刪刪改改，濃縮進這二十分鐘裡。

我特別喜歡的一個畢業演說，來自德魯・吉爾平・福斯特（Drew Gilpin Faust），她是哈佛大學三百八十年歷史長河裡的第一位女校長，她說：「請開始去想，誰會替你說你的故事？答案是你，你會說出你的故事。」

那時候我深受啟發，說實話，終其一生，我們求的不過就是好好說出自己的故事嗎？而我沒有想過有一天，我會站在這裡，來說我的二十分鐘。

準備這二十分鐘的過程，很像另一種人生跑馬燈。很多事情一片片飛過，我開始去想，什麼故事對於我而言，是重要的。我想說出什麼故事？

我問身邊朋友，如果回到畢業那一刻，最希望有人能告訴你什麼？大概有八成的人告訴我：「請告訴學生，這是一個非常殘酷的社會，你必須準備好你自己。」

畢業後的社會確實很殘酷，殘酷來自於，你會需要完完全全的開始練習，替你自己的人生負責；你會開始認知到，這個世界上，其實沒有任何人有義務要幫助你，沒有人有義務要照顧你，沒有人有義務要理解你；你也會開始意識到，全世界最需要支持你、肯定你的人，不過就是你自己。

今天站在這裡，我看著臺下的同學們，覺得彷彿看到八年前那個迷惘的我。畢業後會是什麼樣子？我該怎麼選擇屬於我自己的路？萬一選錯了，然後失敗了怎麼辦？當時坐在臺下的我，正問著自己這些問題。

所以我就想，這二十分鐘，如果有些話我可以跟當年的自己說，我會想說什麼。今天我想分享三件事，這三件事，陪伴我走過畢業後的這關鍵八年。

鍛鍊學習肌肉　別怕自己不夠好

第一件我想說的是，出了社會之後，你會需要持續面對的，就是自己永遠不夠厲害這件事情。永遠不夠厲害，其實從另一個角度來說，也就是，你永遠都還可以學。

現在不是流行一句話，叫做「你行你來」嗎？其實我覺得應該改成這樣：「我行我來，我不行我學。」

持續學習是一個你可以送給自己的禮物。

從以前到現在，我一直都不是團隊裡最厲害的那個，更從來沒想過自己能當個領導者。我記得二〇一二年，我二十二歲，誤打誤撞，開始在《女人迷》暑期實習，同期有五個實習生，我大概是裡頭最不耀眼的那一個——我不是文字寫得特別好的，我花了一個星期左右的時間，都還寫不出一篇文章；我不是最熟悉媒體生態的，我是外文系畢業的；我甚至也不是最有創意的那一個。

那時候我在團隊裡，對於大家有很多羨慕，我看到大家的起跑點，遠遠的在我前面。而在實習的第一個月，我被《女人迷》的創辦人瑋軒選為當月小主編，那時是七月，要帶大家想題目，做發想會議，落時程。我記得自己心情又急又惱。我問瑋軒，大家都很優秀，為什麼要選我？瑋軒看著我說：「試試看，我覺得你很適合。」

試試看，你很適合。這句話，很像有某種魔法。我持續到現在，都很感謝當時瑋軒的肯定。她好像比我更早，也更確信的，相信了我。我那時候這樣告訴我自己——沒錯，大家都很厲害，那麼，我可以跟他們學，因為跟厲害的人學，那是成長最快的。

學習這件事情，很像鍛鍊一種肌肉，越學，就會越強大。

比方說，你先從理解自己開始，我的強項與弱項是什麼？找到團隊裡明確的學習目標，先旁敲側擊，理解對方怎麼想？怎麼做事？接著去想，如果可以複製這次經驗，如果我就是他，我可以怎麼做？或是更快的，你可以直接問對方：「嘿，你是怎麼想的呢？你為什麼會想這麼做？」我記得當時團隊裡有人非常會拉表格，我就說，你在拉表格的時候，我可不可以坐在你旁邊看？我想知道你是怎麼思考表格的邏輯與架構。

接下這個任務，在那一個月的時間，我慢慢在每一天裡感覺到：對，我是做得到的，而且我每一天都比前一天學習到更多。

後來我發現，「我要學／我可以學」，是一句很有力量的話，甚至它是一句讓你不再「害怕」，讓你不再「看不起自己」的一句話，也是讓你願意展開行動的一句話。

我要學／我可以學，讓你不會只是停在原地抱怨，讓你能夠邁步向前，它是你能給自己最好的推力——因為還不夠，所以我要學。

在《女人迷》的職涯過程，說老實話，許多事情都是我不會的，多數時候，我都抱持著對自己恨鐵不成鋼的心情長大。比方說，我是第一次做總編，第一次辦超過五百人的大型活動，第一次在超過百人前演講，有很多的第一次，都是那一句「我不會／我要學」，陪我走了很長的一段路。

而當有一天你發現，「我不會」不再是一件讓你害怕的事情，而是一件讓人「興奮」的事情，這個「我不會」其實是一份禮物。

找工作　不如找一件你想捍衛的事

第二個需要面對的，則是，我該選擇什麼工作，什麼樣的工作與生活，能讓我成為我自己？

我記得畢業後的二十三到二十五歲，我花了很多時間思考這件事。那種感覺很迷惘，眼前有很多路，但你不知道什麼路是適合自己的。我後來是這麼想的，現代人的工作時間，大約占據人生的百分之七十，等於你有多數的時間，其實是在職場中度過的。

那麼與其找工作，不如找一件你真正想捍衛的事。每一份工作，都有它背後的本質，與要捍衛的價值。

以我自己來說，畢業以後，我去了法國里昂一年當交換學生，在法國的那一年，除了在交換的學校上課，我也到外頭的小班級練法文口說。當時有個機構，找了一群退休的法國人替外籍學生上課。小班制，每週都可以固定過去練口說，我的班級裡有日本人、阿爾巴尼亞人，還有我。

我的法文口說老師，是一個優雅的法國女人，大概六十多歲，每每上課，我都感覺到法文口說老師很多的熱情。她經常問我們，還想知道什麼？我就跟她許願，我說，我想更理解柯比意的建築，老師就趁著假日開車，帶我們去近郊看了柯比意的拉托雷修道院，用法文一一告訴我們，要怎麼形容柯比意的風格，以及柯比意怎麼應用「光」來完成他的建築。

我在她跟我們的傳授與分享中，感受到她很多的愛，對於自己所做的事情的愛。我問她，為什麼要在退休後，繼續教法文？既沒有賺什麼錢，也很花時間。她驚訝的看著我說：「因為讓更多人知道法國文化的美好，喜歡上說法文這件事，更讓我快樂，我願意花時間去捍衛這件事情。」

法國的交換學生經驗，沒有指引我，讓我知道我想做什麼工作，不過反而讓我清楚一件事——你要去找一個你願意捍衛一輩子的事情，去找一個你願意給它很多愛的事情。

我的人生，從未規劃要進媒體工作，或是成為一個總編。我只是非常清楚，我想捍衛獨立思考與多元的討論空間，我想捍衛平等自由的價值，我想在性別倡議上，站一個共同推進的位置。我期待明天可以更好，而我相信內容承載價值這件事情。於是我有了這份工作，一路工作了八年。

在這個時代，其實我更相信的是，有更多的工作型態與想像，是交由你們這一代的人去開創的。你的工作，可以是你特別在乎，你想捍衛的事情的交集。網路的普及，知識的扁平下放，YouTube 與 Podcast 等新興媒材的興起，其實都讓新的觀點更容易發生與被廣泛討論，在這個時代，你特別容易拿到你成名的十五分鐘。

只要你有想捍衛的事情，你付出時間理解，你就有討論它的資格。

在方法上，你可以試著列出十個你特別在乎的事情，接著透過刪去法，保留下三個最在乎的，一一去試試看，那可能就是你的職涯方向。

多數時候，其實我們每個人都很平凡，我們可以沒有偉大的故事，但不能沒有想捍衛的事情。你選擇捍衛的事情，往往也就說明了，你到底是誰，那是比工作職銜還更重要的東西。

保持運動　身體才能支撐你的夢想

第三個需要面對的，是你要有一個好的身體，去支持你做你想做的事。是的，我沒想過，我會給這麼具體的建議，你要開始養成與保持運動習慣，有方法的建立你的支持系統。

我從小是一個不運動的人，運動基本上跟我沒有關係。我還記得國小第一個接觸的運動，是躲避球，一個打到人就勝利、全程我都只能閃避被打的運動，我當時簡直嚇壞了。接著升上國中，那時候是籃球，我記得考試的時候，老師對我說，特別優待，你只要投進一顆球，就有十分，我記得當時我拿到了十顆球，最後還只拿了四十分。於是，我就這樣一路錯過了運動。

我之所以在工作後開始運動，是因為在我大概二十三到二十六歲間時，我非常非常努力工作，也在工作過程中，得到大量的成就感。我的人生大概百分之九十九都是工作，我也很快樂。

然後有一天，我去朋友家，朋友家在五樓，沒有電梯。在爬樓梯的時候，發現我爬到第四層就開始喘。我撐著腰，覺得好喘啊！那就像一個警訊，我的身體居然無法支持我繼續往上走。我那不過二十六歲的身體，已經開始連走路都會喘了。

後來我開始運動，先是從慢跑開始，接著是重訓、拳擊，還有瑜伽。運動除了鍛鍊體力之外，也很像在鍛鍊心力。你要持續去面對你拿不了的重量、你沒跑過的長途、沒堅持過的秒數。運動會帶給身體堅持的暗示，讓你挑戰過去你未曾挑戰過的艱難。

然後你會發現，你每次越過一個艱難，都給你更多的力量，去迎接後續可能到來的難關。就像在打電動一樣，持續 level up。從科學面來講，持續分泌的腦內啡讓你減緩壓力，多巴胺讓你對目標感到有信心，讓你有幸福感的正向循環。

我從運動裡頭，也借到了一些關於人生的方法論，想分享給你們。

人生很像重訓，尤其是在面臨挑戰的時候，永遠有你不曾拿起的重量。

就像你不會跟旁邊的人比，為什麼他可以臥推五十公斤，我只能推五公斤一樣，人生也是，你永遠也只需要跟自己比。

人生很像馬拉松，尤其是在設定目標的時候。目標需要拆解，你不可能花五分鐘，就跑完二十一公里（半程馬拉松的長度）。所以要拆解你的目標，就像拆解馬拉松的里程一樣，八公里休息喘口氣，十三公里吃個巧克力棒，十八公里喝個水，目標很遠，記得給自己鼓勵，持續往前跑，總有一天會到。

人生就像瑜伽，尤其是在你筋疲力盡的時候。你有想捍衛的價值，不代表你不需要休息。你會知道，該休息的時候，就去休息，不要因為想休息而譴責自己，練習和平的接納你自己的需要。

其實在運動的過程中，我反覆感受到的也是，我正在有方法的、有系統的支持著我自己。鍛鍊身體，也是練習支持我自己，去做我想做的事情。

世界的殘酷　是為了讓你成為更好的大人

回到開頭我們說的，這是一個殘酷的世界，確實是，它的殘酷來自於，它竭盡所能要幫助你長大，要幫助你長大成一個更好的人。

而在這幾週，我們也看到了，殘酷的事情在世界各地發生。我們看到美國的Black Lives Matter Campaign，許多人為了George Floyd的死亡走上街頭，呼籲一個更正義的社會；我們也看到臺灣新聞報導幫人出櫃，看到一個男孩在鏡頭前打給她的母親哭泣，就此，我想談一件事，叫做權力。

我們常常會說，這個世界上充滿了權力結構的問題，我們面臨了權力不均等、權力失衡而產生的暴力、傷害與撕裂。我想說的是，就從今天開始，我們必須提醒自己，在必要的時候，我們要為了其他人站出來。我們必須從自身實踐開始，謹慎使用我們的權力。

而當有一天你握有了巨大的權力時，不要忘記你年輕時掉過的眼淚，你年輕時參加過的戰役。

請你記得善待差異，請你記得多元共融的價值，請你記得無論如何，也不要濫用你的權力作為傷害他人的武器，即便這件事有多麼容易。

最後我想給大家幾個很深的祝福，首先，我祝福所有同學，都能成為一個自己不討厭，看得起的大人；我祝福所有同學，能找到一件你願意捍衛的事，當有一天你要說出自己的故事時，覺得無愧於心，覺得這就是我；我祝福所有人，都能真誠的成為自己，因為成為自己，是我們這輩子，最重要，也是唯一的課題。

謝謝大家，畢業快樂。

本文選自《女人迷》Sales Head 柯采岑
於成功大學第一〇九級畢業典禮演講

怡君老師的非典型思考時間

這篇在網路上受到廣大分享的演講稿，年輕講者用很溫暖、很有耐心的方式說明她踏入社會深刻的體會，間接證明大人們常說的陳腔濫調：「人外有人、天外有天」是個事實。

以往我們被這樣的觀念鞭策著：「好，還要更好」，這也意味「還不夠好」！即使我們付出努力達到小小的目標也無法感到喜悅，甚至迎接更大的恐懼，因為下一階段面對的人可能更強、更厲害，千萬不能得意忘形，必須繼續準備下一回合的競爭啊！

幸好，自己永遠不夠好的這個現實，不只是變成嚇人的大野狼，也能有正面積極的詮釋方法。

這個世界最公平之處，就是每個人都有自己的領土需要開墾，有人領土很大但土地貧瘠、有人只分到一小塊卻土壤肥沃、也有人雜草滿堆需要重整，看似很不公平的條件，都是宇宙為你量身訂做的一套進化課程。

越早把眼光放在自己領土的人，就如同講者采岑一般，既能享受做自己主人的快樂，也能理解他人面對的不同課題，大家都是一起努力的同路人，分享經驗互相學習都來不及，怎麼還有時間挑剔找麻煩？

最後，既然修的課程不一樣，考試題目當然也不同，那就沒什麼好比較的，你說對嗎？

延伸提問與思考

Q1 如果沒有競爭、比賽，你會想讓自己更好嗎？為什麼或為什麼不？

Q2 「害怕自己做不到而放棄」與「沒興趣不想做」有什麼差別？你分得出來嗎？

Q3 思考看看自己最在意什麼事，若想不出來，問問身旁朋友。那件事情背後的意義，也許就是你想捍衛的信念或價值觀。

跟沒有借東西

文——許榮宏（火星爺爺）

各位朋友，大家午安，我是一個講師，我幫兩岸的企業做創新以及說故事的訓練。所以在課堂上我就問同學說：「請問火車上有什麼？」好，同學們會回答：「火車上有乘客、有便當、有行李、有滅火器，有車窗擊破器。」當然誇張一點的會說：「老師火車上有痴漢、有轟趴。」接著我就會問同學：「請問火車上沒有什麼？」這時候同學會說：「火車上沒有大象、沒有公園、沒有行天宮、沒有夜市、沒有泳池、沒有賭場。」我說好，那如果臺鐵要找我們研發一款新的火車，是不是我們把剛剛講的那些沒有的，放幾個上去會很厲害？

假設我們把士林夜市搬上火車，搞出一個霍爾的移動夜市，讓你從火車頭吃到火車尾，你覺得酷不酷？滿酷的。你說這叫什麼招？這一招叫做「跟『沒有』借東西」，日本在二〇一七年準備把什麼放進火車？你看他們把五星級飯店的大廳放進來，他們把小豪宅給放進來了。

所以，如果你想要跟別人不一樣，你就要懂得跟「沒有」借東西。去問你的產品沒有什麼？你的服務沒有什麼？你的行銷沒有什麼？你的記者會沒有什麼？這樣你就可以做出跟別人不一樣的東西。

為了要讓同學們現學現賣，所以我現場就問大家：「請問你的工作沒有什麼？」同學們會想一下，然後回答說：「我的工作沒有加班費、沒有交通車、沒有托兒所、沒有遊戲間、沒有沙灘、沒有辣妹。」當然更誇張的會講說：「老師我的工作沒有尊嚴、沒有未來。」同學們會講很多跟「沒福利」有關的東西，然後越講越哀怨。這時候我就會講說：你有認真想過「有」跟「沒有」這件事情嗎？

我的理解是，如果你家裡有菲傭，慢慢的你就不會做家事了。如果你朋友很多，你就會耐不住寂寞。

如果你有一個有錢的老爸，那麼除了上夜店打警察之外，你大概什麼都不會。那你說：「火星爺爺，照你這樣講，難道『沒有』會比『有』還要好嗎？」當然！馬雲說：「阿里巴巴成功是因為沒有錢、沒有技術、沒有計畫」，我完全認同馬雲的說法，我就拿自己當例子好了，你看著我拿拐杖站在講臺上，我是不是沒有你方便？可是你不要被表象給蒙蔽了，我雖然沒有你方便，可是你的天使沒有我這麼多。

每當我拉著行李走在路上，我都拉不了太遠、太久，就有人衝過來，「先生我幫你」。下雨天的時候我幾乎不需要撐傘，因為人群裡面一定會有一個人撐著傘，朝我走過來，「先生去哪裡？我送你」。我記得有一次我要從鄭州搭小飛機去西安上課，天啊，那個小飛機的臺階我完全上不去。我還在煩惱該怎麼辦的時候，一個大哥就在我面前蹲下來，「趴上來，我揹你」，他就這樣把我揹上去，到了西安又把我揹下來。這些天使多到你難以想像，而且有時候不用開口就會有。

我雖然沒有你方便，可是我橫渡過日月潭兩次、拍過微電影、經常一個人出國自助旅行，而且，我還演過ＭＶ喔！如果你不信，你下次去ＫＴＶ幫我點一首歌，周華健《有故事的人》，本人在裡面十五秒。

我記得我在寫第一本書的時候，我想說我是一個普通的上班族，我沒有名氣也沒有地位，誰要看你的書？還好我有跟「沒有」借東西，我借了我小時候最愛看的卡通《科學小飛俠》，我假裝自己是卡通裡的南宮博士，開始給科學小飛俠寫備忘錄。就這樣，我出版了我的第一本書。之後我一路跟「沒有」借東西，出版了五本書。

這幾年我寫了一個故事，講一個包包跟他的主人分開了，他自己去流浪，可是他沒有因為沒有主人就頹廢，他跑去應徵快遞，非常的努力，而且他還去當街頭藝人，最後還成立包包馬戲團，帶給很多人歡樂。各位，其實這個故事是想要跟大家分享：你不會因為擁有誰就變得完整，你也不會因為沒有誰就變得不完整，你本來就是完整的。這本書還沒有出版，可是已經得到二〇一四年德國的「紅點設計獎」。

我發現我沒有你方便這件事情，完全阻止不了我的豐盛。

這張照片是三年前我在芬蘭北極圈聖誕老人村拍的照片。你知道嗎？拍這張照片的時候我心情非常激動。你知道為什麼？因為拍這張照片要四十九歐元！我激動的不是四十九歐元，我激動的是那一刻我才明白到，我八個月大就小兒麻痺、七歲之前都不會走路，我竟然可以走這麼遠。好，所以我想跟你分享，「沒有」它不是一份限制。「沒有」是一份禮物。如果你什麼都沒有，那你應該去想：你該怎麼去創造？你把焦點放在「創造」，不要放在「沒有」。

我注意到這幾年，有一些年輕人會抱怨自己沒有好的家世背景、沒有好的條件、薪水很低、房價很高，看不到未來。我知道這是現實，可是我也想分享的是，一個掉到糞坑裡面，又一直在抱怨糞坑很臭的人是走不出糞坑的。

大環境只是在告訴我們：繼續走以前的老路應該行不通，我們要做出改變。你說「火星爺爺，現實總是要顧一下吧？我總不能夠放棄現在的工作，跑去追求夢想吧？」如果這是你的問題，那我介紹五個人跟你認識。

這五個人分別是記者、攝影師、企業家、工程師、物理學家，他們的名字分別是 Clark Kent、Peter Parker、Bruce Wayne、Tony Stark、Bruce Banner。很熟對嗎？下班之後他們就變身成：超人、蜘蛛人、蝙蝠俠、鋼鐵人、綠巨人。各位，這五個人的故事帶給我們最大啟示是什麼？超人的偉大事業都是從下班後開始的！所以，你有打算要變身成超人拯救你自己嗎？

自己的未來自己救，我想要跟大家分享的是，如果你繼承一個果園，恭喜你，你馬上有現成的水果可以吃。如果你繼承的是片荒地，我也要恭喜你，因為你可能會擁有讓荒地長出果實的能力。

你知道從一開始到現在我講了幾次「沒有」嗎？四十九次。你知道嗎？如果穿越夠多的沒有，你就能夠站上ＴＥＤ的講臺分享你的故事。

我覺得困住我們的從來不是「我們沒有什麼」，而是「我們如何看待沒有」。就讓沒有帶領我們豐盛吧！謝謝你！

本文選自兩岸百大企業創新、故事行銷講師火星爺爺許榮宏TED演講，轉載自TED x YouTube影音，TED x Taipei授權

怡君老師的非典型思考時間

很多人覺得世界不公平，外貌和家庭都不是自己能決定的，有人天生一手好牌、有些人一出生就必須想辦法生存，令人產生「比賽還沒開始卻勝負已定」的感覺。你也是這樣嗎？

從這個角度看，八個月大就罹患小兒麻痺的火星爺爺應該是最有資格生氣的人，但是他沒有。

他以一個弱勢角色降落地球，卻仍然帶著另類觀點，重新解讀這個世界的遊戲規則，他從不花時間抱怨「沒有」什麼，而是看出這個世界公平之處：生老病死沒人能逃、時間一分一秒誰也沒多、跨出一腳就是一步……，每個人的「沒有」只是不同劇本的角色設定，如此而已。

地球資源迅速消耗中，未來世界裡，「沒有」會是家常便飯。我們能不能嘗試跳脫現狀，從冥王星視角看自己？或者借用一下火星爺爺的創意加值密技，把自己的「沒有」，也變成偉大事業開展的驅動力！

延伸提問與思考

Q1 除了火星爺爺，現實生活裡還有許多運用「跟沒有借東西」概念的人，例如：日本藝人渡邊直美、第一位身障發明家劉大潭、阿富汗女導演卡里米，查查他們的故事。

Q2 想想自己，你對自己最不滿意的地方有哪些？這些你眼中的「缺點」會成為你的「沒有」嗎？你的「沒有」曾經帶給你什麼事件或體驗？

Q3 把焦點放在創造，而不是「沒有」。列出自己最想做的三件事情，你知道為什麼是這三件事情嗎？

02 無聊學

當你做的所有事情都講求「做了有什麼好處」，一旦沒有這些回饋或好處，是不是就一點都不想做了？這樣人生怎麼能不無聊？

引言

無聊的相反詞是什麼？

或許在你心裡，「認真思考無聊」這個動作本身也很無聊吧！

沒關係，現在邀請你嘗試回答「無聊的相反詞」是什麼，你的腦袋裡是否浮現很多種「聽起來都很合理」的答案？比如說：有趣、創意、忙碌、認真、充實……，竟然有這麼多種答案，可見得「無聊」一點都不無聊啊！

若問年紀稍長的長輩們無聊的相反詞是什麼，應該滿多人會回答「忙碌」，在他們人生裡，過去忙著打拚生活、養家餬口都來不及，「無聊」根本是一種「吃飽

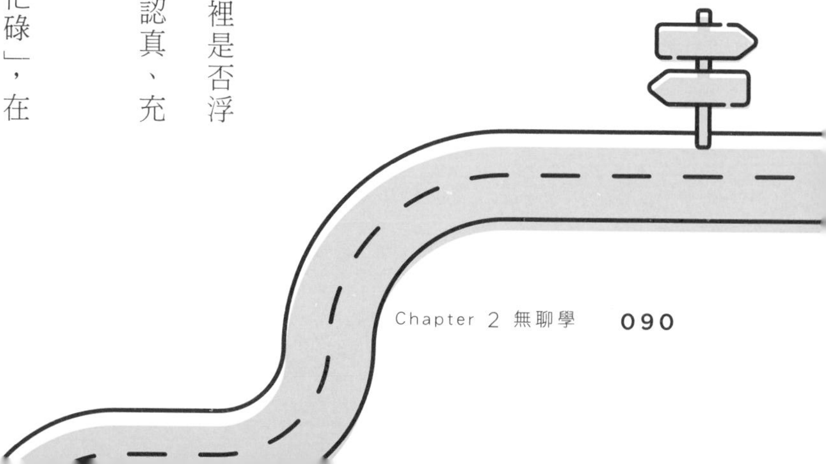

飯沒事幹」的奢侈。也有人認為無聊的相反詞是創意，那麼他感受到的無聊跟長輩們的就不太一樣。他使用這詞的方式可能是：「某人真的很無聊、這部電影真的很無聊、我的日子過得真是無聊。」

因此日本評論家福田恆存曾說：「過去和現代的忙碌品質是不同的。哪裡不同？過去在忙碌之中也能安心靜下來，現代則是忙到一刻也不得靜心。換句話說就是，過去是因為做什麼事而忙於其中，現代則是什麼也無法專注其中的忙。」看到這裡，問問被補習、課業、才藝社團塞滿時間的自己，行程雖然忙碌滿檔，但你的確常把無聊掛嘴邊？

你一定聽過心理學家馬斯洛的自我實現理論，金字塔圖說明人類不同層次的心理需求，滿足最底層、基本的生理與安全需求之後，會開始向上發展追求社會需求（例如：愛、友誼、歸屬感）和尊重需求，最頂端則是最高層次的自我實現，也就

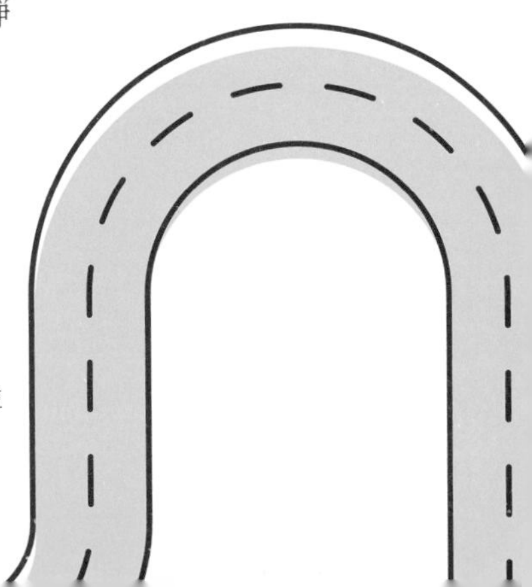

是發揮潛能和實現夢想。

說到「夢想」，或許這才是最大的問題！原本人的一生隨著不同年齡階段逐步追求自我實現，就能在過程中感到幸福快樂，然而現在卻因為競爭心態講求「速成」，反而讓大家因為夢想而誤入歧途。

日本職涯顧問高部大問在《夢想勒索》一書中，提及整體社會氛圍逼迫年輕人及早立定志向追求夢想，卻又把夢想設下好球帶、只認定某些職業才能成為夢想的壓力，簡直就是「夢想勒索」，反而讓年輕人誤認為萬一沒有明確夢想就會人生失敗。當學校、社會、家長都成為這種「好心卻做了壞事」的追夢共犯，年輕人只好用最有「效率」的方式趕緊找一個夢想，並聽話的積極付出努力。

勉強找到的「假夢想」浮木當然撐不了太久，缺乏真正的動力和熱忱，自然也難以招架各種考驗與困難，想放棄又不知道下一步該怎麼辦，再也不想做選擇的混日子，貌似「無聊」的感受便因此油然而生。

夢想原本應該是與自我實現的「自然結果」，卻被貶低到極低的層次，與謀求生理與安全需求的「工作」或「職業」綁在一起；回想一下，當你做的所有事情都講求「做了有什麼好處」，例如：參加營隊是為了拿證書、證明自己的興趣所在；參加志工行動是為了累積時數、表現熱心公益的人格特質……，一旦沒有這些回饋或好處，是不是就一點都不想做了？這樣人生怎麼能不無聊？

無聊訊息帶給你的暗號，是以身體為導引、讓潛意識說話，去找與平常不一樣的事情做，即使是掃廁所都好。當我們在做看似無意義的行為時，只要認知上的矛盾夠大，大腦就會產生消除矛盾的動能，產生新思維以蓋過舊有的觀念，冒出平常怎麼思考也想不出來的新想法。

這個章節正是讓「無聊」成為「人生救命繩」，告訴你當感到無聊的時候，該如何解讀、如何藉由無聊突破「夢想勒索」與各種限制，把自己解救出來。所以「先讀再說」吧！讀完再來評論這些文章無不無聊，好嗎？

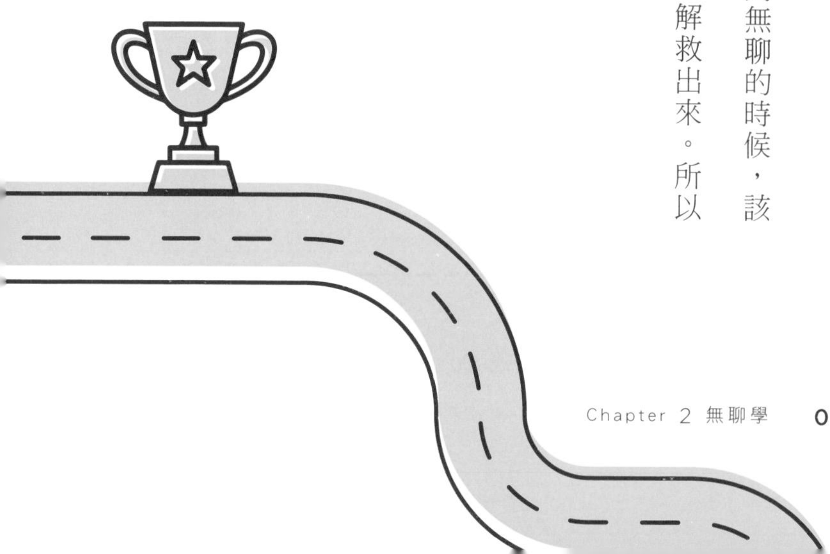

逃避無聊反而讓你成為「無所謂」世代

文——羅怡君

你知道尚未有謀生能力、還無法獨立自主的孩子們，全身上下哪個地方最吸引商人，認為最值得投資呢？

猜到了嗎？是你的「眼球」。

每天在網路上瀏覽各式網站，其中有很多都是免費服務，不論是學習還是娛樂，你有曾經想過為什麼這些網站不必收費也能生存下去嗎？甚至提供更好更多的內容，只希望你停留更久？我相信你知道答案：因為有廣告主付錢給他們，網站流量越多廣告越有價值！這就是「注意力經濟」最基本的商業模式：我們每個人的注意力都是有限資源，「爭取消費者的注意力」，正是現代商業社會不斷進化的重點項目。

聽起來滿不錯的，對吧？大家都想獲得消費者的注意力，當然要端出最好的產品或服務，廣告要吸睛好看、遊戲也要設計精緻，註冊或購買流程更要簡化易懂……。不過再仔細想想，你有沒有逛完好幾家電商卻看不到一件喜歡的東西？影音平臺上竟然找不到一片想點進去的電影或劇？社群軟體不斷強調使用者能多容易找到「同類」，但同類相聚卻仍然感到無聊寂寞？

忙完手邊的功課作業，你不知道該做些什麼，對其他活動一時沒有頭緒或興趣，想了想只好登入網路，在上面殺時間非常容易，總是有各式各樣的視窗自動跳出、讓你應接不暇。方才描述的情境裡，「沒有特別目的的事情要做」是一種餘裕或說是閒暇時間，也許會伴隨著「無聊」情緒產生，急忙塞入其他活動（最容易的就是上網）把時間填滿，但不幸的是仍然有可能感到無聊。

如同多數人討厭失敗，也想儘量避免無聊，哲學家和社會學家當然不會放過思考無聊這回事，甚至還認真將無聊分門別類：

1、情境性的無聊：例如等車、排隊買票這類空檔，通常找點事做就能避免。

2、厭倦性的無聊：重複做某一件事，失去熱情和目的時，就會感到無聊。例如不斷考試。

3、創新性的無聊：當面臨一項新任務挑戰，或者處於新環境，若自己並非一開始就表現很好，容易產生懷疑等負面情緒，因而轉向尋求其他方向，或是找其他事情來做，讓大腦得到滿足的感受。

4、存在性的無聊：對於外界任何刺激已經沒有興趣回應，漫無目的過日子，內心不滿足感與日俱增，開始思考人生的意義為何。

不妨停下來想一想，喊無聊的你比較偏向哪一種？為了避免無聊又懶得花腦筋，很多人進入「自動導航」模式：打開電視當作背景音、瀏覽FB或IG，讓五花八門眼花撩亂的訊息充斥腦袋，你也曾經這樣嗎？

自動導航的結果，讓越來越多人無法自己安排生活和行程，大量依賴參考別人的「人生版本」，去同一家店排隊拍照、模仿各類消費項目，自認為已經逃避無聊，卻換來處於焦慮、羨慕、分心的狀態，甚至產生盲目崇拜與上癮的後遺症。

原本只是想打發「情境性」、「厭倦性無聊」，卻可能因此感到不如他人的挫折與壓力，「離線後的自己」變得更加孤獨無意義，進入「存在性無聊」，正式成為「無所謂世代」的一員。

「無所謂世代」對任何人事物都提不起勁，但仍要費力在社會裡生活著，就像飄浮在宇宙的太空人一樣毫無施力點，現實裡只剩下生存必須的互動反應，不知道自己要什麼，也不知道自己不要什麼。

若我們改變作法、換個方式，勇敢擁抱、面對無聊呢？會發生什麼事？如果只是「情境性」或「厭倦性無聊」，那麼把注意力轉回自己身上，暫停一下，有意識的重新計劃安排生活，或者開始練習觀察現實生活裡的細節，通常能很快轉換心境改變氛圍。

然而擁抱無聊最精采的經驗莫過於找到「創新性無聊」這顆彩蛋！當你發現開始對現況不滿，想要做什麼卻無法滿足眼前這個工作或活動時，恭喜你，準備開始挖掘自己無窮潛力的歷程了！

心理學家波納維茲曾進行過一個實驗，他將玩具拿給學步兒受試者，由見多識廣的大人示範如何玩玩具，用力拉扯黃管子讓玩具發出聲音，建立「教導情境」；另一個實驗組為「探索情境」：由一名大人展示「不小心」弄出聲音後離開，接著讓孩子自行把玩；第三組為無示範情境，單獨給孩子玩具而已。

實驗結果顯示，教導情境中的學步兒僅僅重複示範動作就結束，可是探索情境的兒童多花了很多時間玩玩具，嘗試找出不同玩法，無示範情境組的玩法也比教導情境多。這個實驗結果可應用於很多教育面向，不過你發現了嗎？當沒有標準答案框限想像又「無所事事」，精力反而專注在身旁唯一的事物時，才是大腦活躍創造的起點。

販賣注意力的商人就像德國童話裡的吹笛手，希望所有孩子都聽著魔笛聲跟隨前進，同樣的道理，小心「你的眼球不是你的眼球」，下次等你感到無聊時，那就是保護你專注力的哨聲喔！

怡君老師的非典型思考時間

或許有些人覺得成為無所謂世代也無所謂吧，每個人的人生自己決定啊！現實生活裡我遇過已成為「無所謂世代」的年輕人，他們不會主動做出什麼關於人生的決定或改變，也不知道該思考什麼，把時間塞滿就好；也許排隊兩個小時只為了一碗拉麵、蒐集網路上知名的咖啡店，或是宅在家追劇打電玩都很不錯。反正過日子嘛，沒有什麼非要不可的東西。

有煩惱嗎？不去想就好。有目標嗎？何必呢？反正也達不到。快樂嗎？就這樣吧，還不錯啊。

的確沒什麼不可以，只不過無所謂世代忽略一個重要的事實：「無所謂」本身就是一個假象，能夠「無所謂」其實是別人給的「餘裕」。

誰給了你遮風避雨的地方？誰讓你有後盾可依靠？誰讓你不擔心下一餐飯？

事實是，光是要「活著」就不可能無所謂，只是你什麼時候被迫面對。

當你覺得無聊時，那是一種提醒，也是一種證明，你有源源不絕的感受和能量想釋放，千萬不要忽略逃避這股督促你創造些什麼的生命力！

延伸提問與思考

Q1 在學校時間裡沒有手機，哪些事情會吸引你的眼球（注意力）？把那些事情列下來，有什麼共同點嗎？

Q2 在網路上會吸引你不斷點閱關注的是哪些內容或網紅？你追蹤他們的原因又是什麼？和現實生活中的事情有什麼共同點嗎？

Q3 以上兩題的答案或許就是感到無聊的創意解方喔！下次覺得無聊的時候，試著根據答案給的方向「創造」一些好玩的事，讓自己沉浸在「創造性無聊」吧。

別再抱怨無聊，其實你離創意非常近

文——羅怡君

想像你踏入一個從未去過的遊樂園，撲面而來的笑聲、尖叫聲立刻刺激腎上腺素，你不自覺四處張望加快腳步，巴不得用最快的速度嘗試精采好玩的設施，時間夠的話每個角落都不想放過。不過你第二次造訪、第三次陪朋友再去、第四次家庭旅遊……，當有人再邀請你的時候，或許你已經意興闌珊喊著無聊了。接下來你會做什麼決定呢？不論後來從事什麼活動，至少你一定做出「不再去那個遊樂園」

的選擇。

這就是人類感到無聊的重要意義之一：迫使你離開當下情境、去幹些別的事吧！拉大時空範圍來看，若所有人類都會感受無聊而起身去創造，「逃避無聊」不就是「進化」的原動力嗎？

那麼逃避無聊的時候，你會選擇做什麼呢？

你或許知道阿基米德在泡澡的時候悟出浮力原理；日本哲學家或文學家，經常在散步的時候靈光乍現，現今的「哲學之道」、「文學散策」還刻有他們的「創作金句」；在過去沒有各類3C設備、手機電玩的時代，不少人選擇打發時間的方法是從事一些重複不費力的行為，例如：散步、洗澡、編織、畫畫⋯⋯。

研究大腦的科學家們曾發現，這些看似「放空」的行為，如：散步、洗澡，會讓大腦進入「預設模式」，此時大腦暫停忙碌的工作狀態，回到原始自動運作，從意識進入潛意識，開始連結各種零碎訊息，苦思不得的創意看似「從天而降」，但事實上不過是給大腦「思緒漫遊」的機會而已。

心理學家曾設計一個研究無聊與創造力關聯的測驗，先讓受試者進行二十分鐘毫無意義的工作，例如抄下電話簿裡的電話，接著請他們想出兩個紙杯能創造出的所有可能功能，在這個階段他們想到的多是種植植物、挖沙工具這類較平常的用途；接下來第二階段，心理學家增加無聊的程度，例如朗讀電話簿裡的號碼，再請他們發想一次紙杯功能，這時發想出來的功能，包括當作耳環、樂器，甚至是瑪丹娜式的胸罩，已經脫離杯子既有作用，證實無聊狀態有助於創造力的發揮。

然而現代人逃避無聊的方式，大多是立刻拿起手機吧！「淋浴間已成為少數無科技的神聖空間之一。」前三星資深設計師曾說。一機在手，人們能選擇從事更多令自己忙碌的活動，不論是高度刺激的影音遊戲，或是瀏覽社群網站，讓大腦接受各種外在資訊，你可以想像大腦是個快遞收發站，快速接收、轉發、做出反應，根本沒辦法消化任何資訊，進入「低品質的忙碌狀態」的耗能結果，當影片、遊戲一結束，你只會感到更無聊，只好再點入下一回合繼續這樣的輪迴。

低品質的忙碌就像過度使用電池一樣，電池無法再充飽續能，大腦也漸漸喪失讓思緒漫遊的潛意識連結，用白話文說，連做白日夢的能力都沒有了。做不了白日夢、對未來沒有任何想像，難道不會感到更無聊嗎？

知名繪本作家雍．卡拉森創作的《一直一直往下挖》，在故事中，兩個主角想要挖掘地下寶藏，圖中主角辛苦的重複挖掘動作，沒有任何輔助只憑直覺決定右轉、往下、向左……，作者刻意安排讀者從畫面中看見兩人不斷與寶藏擦肩而過，直到最後他們決定放棄挖掘停止尋找。然而最耐人尋味的是，挖了大半天毫無收穫的兩人，奇妙的透過睡夢中回到地面，醒來後對望著說：「我們遇到的這些事，多奇妙啊！」

從頭到尾不會知道錯過多少寶藏的兩人，心滿意足認為自己已經得到想要的東西，因為親身體驗整個挖掘過程，對他們而言就是寶藏，過程中看似無意義無邏輯的挖掘，卻帶來前所未有的奇妙體悟。

在人生中，誰也不可能位居像讀者般的角度看見鑽石到底在哪裡，我們就像無聊二人組一樣，找個自己喜歡的起點開始付出努力，沒有人可以預知是否成功、多久會成功，能做的只有一直一直挖下去。只是差別在於，我們也能在不斷重複、毫無科學線索的過程中，好好的接受大腦漫遊的禮物，感受有什麼奇妙的事物正在發生嗎？

下一次當你又感覺無聊的時候，別急著找事做，不妨沖個澡、運動一下，把頭抬起來看看遠方，做做未來的白日夢，給大腦一點時間漫遊，提供不同於日常的驚喜線索，順著挖下去，說不定就能找到屬於自己的創意寶藏。

怡君老師的非典型思考時間

這篇文章蒐集不少資訊想證明無聊與創意的高度相關性，然而相信還是有人此時苦著一張臉，想知道無聊時到底有哪些選項可做，接下來分享一些其他人曾做過的無聊事：

1. 仔細照鏡子→發現自己臉左右不太對稱→上網一查發現每個人或多或少都有→研究如何化妝修飾

2. 隨意搭一輛沒坐過的公車→對前往陌生地區有點緊張→開著 google 一路查→在某站附近發現久聞大名的咖啡店→立刻下車意外成功造訪

3. 晃到陽臺東看西看→發現媽媽種的多肉盆栽很可愛→上網查詢發現多肉專賣店→邀請朋友一起報名手作課程

4. 拼圖拼到一發不可收拾→拍照炫耀備受稱讚→上網再買進階版挑戰

5. 想要斷捨離整理鞋櫃→發現遺忘許久，近乎全新的鞋→打開衣櫥，欣喜搭配全新復古風文青造型

當你因為無聊在現實生活中找事做，就像是在尋找宇宙安排的一個按鈕，啟動後續的連鎖反應，潛意識會帶領你體會不一樣的自己，現在是否開始期待下次無聊來臨的時候呢？

延伸提問與思考

Q1 無聊時做的事大多不會設定標準，與一般考試或學習會預定目標不同，你比較喜歡哪一種？ 為什麼？

Q2 在現實生活中找事情做，與上網看劇打電動有什麼不一樣？ 若沒有這樣的經驗，試試看別人做過的無聊事，體會一下不同的感受吧！

Q3 你能想像古代的人如何打發無聊嗎？ 沒有網路和電燈的時代可以做些什麼？ 去學習模仿一下吧！ （舉例：曲水流觴）

練習獨處

文——宮能安

回想起那些由念書、考試、交朋友、戀愛所組成的國高中生活，當中有大量的記憶與在乎的朋友、討厭的朋友、喜歡的人有關。當時似乎從來沒遇過一個老師或是前輩告訴我們應該好好花時間和自己獨處。

其實跟自己相處並不可怕，只是我們不習慣獨處。當我們一直讓自己處在人群中，反而不停受到外界影響。人有太多感知、太多情緒會被外在事物牽動，光在那個還沒有3C手機的年代，我們就已經被人的問題壓得喘不過氣了，更何況是現在——訊息傳遞的時間已濃縮到不用等到下課誰幫你傳紙條到隔壁班，上課中的我們，早就在課本裡藏匿的手機中完成一大段的爭吵。每一分鐘我們大腦要處理的資訊更密集了，能夠認識自己，處理關於自己問題的機會反而減少。

只要是被我教過的學生，都曾收過一份寒假作業，那是一份生活清單，裡頭有十多個項目，全部都關乎生活體驗。

其中幾項，我要求他們選一天與自己約會、獨自看一場電影。我要他們不要因為今天剛好爸媽忙碌所以一個人——一個人補習，一個人吃飯，一個人搭車，然後一個人回家。不是這種不經意的獨處日常，而是要求他們在行事曆中跟自己約好一天，像是跟朋友約定好的一樣，特別安排這一天去逛街或是看什麼展覽，跟自己好好的相處一天。

這對某些人來說並不困難，但對很多人來說卻很難做到。

我們在人群當中其實很難聽到自己的聲音，有太多社會化的遷就，禮貌性的勉強，避免衝突的妥協等。以上種種，都是直接壓蓋自己內心聲音的因素。

A：「我們等一下吃拉麵吧！」

B：「好啊！」

C：「不錯欸！」

此刻的D明明亮起紅燈：「今天中午才吃麵，晚上已經不想吃麵了。可是大家都這麼說……」

D：「都可以呀！」

很多時候為求合群，我們會必要性的命令自己的聲音安靜。偶爾也該給那個自己過過他想要的生活吧？

所以在這份作業裡，他們可以逛自己有興趣的店面，不用因為誰想看球鞋，誰想看外套，而遷就誰。就算有間小雜貨店讓你不自覺的晃上一個小時，也不會有人在旁邊覺得無聊開始滑手機，讓你明明還想多逛，但又不好意思讓他多等的說：「我們走吧！」

如果剛好走到電影院門口，時間對了，片子有興趣，買張票就直接走進去看電影。不用因為這部他看過了，那部他不想看，另一部又可能撞到他待會趕家教的時間，而妥協一部最沒興趣的電影。

看完電影後，還有一點時間可以跟自己安靜蹓躂，去好好消化電影帶給自己的感受，不會因為太快有新的對話而洗掉剛剛的觀影經驗。

「快點！我媽叫我回家了，我們去趕公車。」

整個過程，有任何感覺，任何新的發現和體會，都請他們記錄下來，寒假結束之後要與我分享，當然不限用文字紀錄的報告形式。雖然很常遇到學生亂做作業的時刻：

「老師我有一個人去看一場電影！」

「哦，真的？」

「嗯，我在家看HBO。」

「……謝謝。」

但還是有遇過很多非常出乎我意料的作業——有把一整天畫成漫畫的，有將高雄捷運地圖印出來閉上眼睛隨意指，指到哪站就搭到哪站的冒險體驗，書寫像論文一般的報告書的也有。

有一個寒假，我意外遇到正在執行這項作業的學生。當時我去看二輪片，排隊購票時，想說前方這個矮小的女生好像我的學生喔，仔細確認一看。

「你怎麼在這裡？」

「我來做作業啊？」

「作業？」

「你的作業啊！」

「對吼！你自己來？」

「對啊！我爸剛剛開車送我來，他說我看完他再來載我回家。」

雖說是我自己出的寒假作業，但實際讓我遇到學生在做自己出的作業時，還是有那麼一種不敢相信的感動，當時那個小女孩才國一，很勇敢的去嘗試她沒體驗過的生活。

也許看書的你，會覺得一個人看電影有什麼好用「勇敢」去形容的？但相信我，我到現在還是遇過很多成年友人跟我說他們不敢一個人去看電影，並不是怕遇到鬼還是什麼壞人，他們就是不敢。

這份關於生活的寒假作業，並沒有什麼人生大道理，只是很簡單的透過練習獨處，去認識自己。

我們從上幼稚園就開始群聚，直到出社會，一生當中有大量的時間得跟人群相處，或許是該花些時間好好跟自己相處了。

課本從來沒教過我們要練習獨處這檔事情。當我們開始嘗試，就有機會建立專屬自己的安全感，當我們找到最自在的型態，我們會知道，不論如何，都還會有自己的陪伴。

如果能在獨處的過程中，學會跟自己建立關係，也將發現其實獨處並不代表孤單，而是一種幸福。我們將為自己騰出更多空間，尊重自己每一個需求。

如果有機會讓我遇到壓抑內心聲音的孩子，我想對他說：「你渴望的人群中，有很多小小的綁架案正在發生，只是你看不到。而你，因為孤獨，而自由。」

本文選自宮能安《致無法拒絕長大的我們》，二〇二〇，時報出版

怡君老師的非典型思考時間

在無聊學的章節裡安排這一篇，不知道你有沒有猜到原因？或許你先有疑惑：上學、補習和讀書已經占滿行事曆，一整天下來旁邊都是滔滔不絕的老師和同學，巴不得自己一個人安靜片刻或倒頭大睡，獨處還需要練習嗎？

當你想一個人的時候，只是代表想喘口氣休息一下，並不代表你有獨處能力，也不意味著你能享受獨處時光喔。在華人社會裡，我們從小就感受到社會對「良好人際關係」的期待，不只得把書讀好，還要注重和同學相處，展現團隊合作，應對進退要面面周到，有禮貌又不怕衝突，並且參加社團，以免自己成為別人眼中的「邊緣人」。

網路上曾流傳一份「孤單等級表」，這些分類看似趣味，實則反應出對獨處的貶意和恐懼。為了不讓自己落入這般田地，我們便開始忙著加入他人不落單、回應他人的需求，幾乎把所有時間和資源花在別人身上，漸漸的無法再和自己相處對話。

不過別誤會，人際關係絕對是非常重要的功課，在學習社會互動的同時，我們也要注意不被恐懼綁架而過度討好他人，才能在各種人際關係中來去自如、自在舒服。

延伸提問與思考

Q1 目前最不敢一個人做的事情是什麼？訪問身旁其他親友，統計一下「障礙清單」有哪些，蒐集完後有什麼有趣的發現嗎？

Q2 觀察那些常常自己一個人的同學，他們獨處的原因是什麼，和本文說的有哪些異同？

Q3 你曾在某些團體感到無聊、覺得格格不入嗎？如果學會和自己獨處，你會想離開那個團體嗎？

沒興趣源自於無知

文——李惠貞

升大學時我一心想考美術系，因此高三時同學都在補英、數、理化，我卻忙著上素描水彩。最後術科沒過，還是沒有達成朝藝術發展的心願。不過，這段準備的過程卻讓我得到一生受用的領悟。

當時對西洋美術非常著迷，中國美術則興趣缺缺，不知從何而來的刻板印象認為一定很無聊。然而因為都要考，因此都必須讀，結果，一讀之下大為驚豔——中國美術有趣得不得了，一個預期之外的廣大世界，就這麼在我眼前打開。從此對於不熟悉的事物，再也不敢驟下定論。這才知道，原先以為的「不喜歡」、「沒興趣」，其實是源於無知。

現在，時不時聽到青少年把沒興趣、很無聊掛在嘴邊，我都會覺得遺憾。那不是外在事物的損失，而是無感的我們，自己的損失。對於你根本不了解、不認識的事物，怎麼會知道有沒有興趣呢？然而我們又怎能責怪孩子？孩子們會對世界無感，多半也是大人造成的，想想我們有多常扮演澆冷水的殺手或充滿偏見的法官。凡事不感興趣、喪失求知熱情的孩子，長大後就會成為不知道要追求什麼的大人。

不把人生活成無聊唯一的方法，就是去認識它。多方嘗試，培養好奇的眼光。不要因為任何框架限制了你的探索。

入社會後，看到身邊朋友面對求職或新挑戰有所躊躇時，我也會以此鼓勵，不去試、不先去了解，怎麼會知道呢？你沒有足夠的資訊或素材，如何形成「好或不好」、「要或不要」的結論？

不知道這間公司適不適合、不知道這項工作會不會喜歡……這些問題，坐在家裡是想不通的。不如先爭取面試機會，直接面談，從中去實際了解一項工作、一個行業或領域。面試，其實是雙向的；不僅主試者需要評估，應徵者也是。等到對方確實要聘用你、或是同時有幾份工作都得到邀約，到那時再來煩惱如何取捨也不遲。根本都還沒走到這一步，不需要自己先做適不適合的判斷，因為你沒有第一手的認識。

就算最後沒有得到某份工作，或是我們自己做了選擇，親身去了解的經驗仍然非常珍貴。你會知道一個行業如何運作，以及對方需要什麼樣的人才，而自己擁有和缺少的是哪一塊。這些都會成為前往下一步的指標，或許明白了我們應該再充實精進，或至少因此更認識自己並看清可能的未來，而且你在應對當中，還得到了表述自己的練習。

面對新挑戰也是如此。在我們直覺性的抗拒之前，不妨先給自己機會，試著了解。說不定你會從別人做不來、不想做的工作中，發現有趣之處，或是為它創造新的價值，不要因為無知把機會推開。

特別在現代，「知」「識」其實暗藏許多陷阱。我們很容易因為別人轉述、網路上的評價，就以為掌握了某種理解。尤其在一個並不是缺乏資訊而是資訊氾濫的時代，二手、三手、甚至十幾手傳播的訊息多不勝數，錯誤內容、偏頗言論、譁眾取寵的聲音，遠比真實或正確資訊多太多，一知半解比全然無知更加危險。

即便不是刻意扭曲，每個人的吸收理解能力也不盡相同，全然接受某人的版本，並不會對你產生助益。我曾在獨角獸活動不同場次中聽到兩位參與者分享同一本書，從兩位朋友的描述中聽來，彷彿是兩本完全不相干的書。一開始很驚訝，後來想想，這才是現實，閱讀也因此充滿趣味。所以聽別人講大意，並不代表你已讀懂這本書，自己去爬梳文字、去思考、去和自己的經驗對照，那獲得知識和理解的過程，可能比結果更為重要。

這個世界有不有趣，並不是由別人幫我們界定的。承認無知、面對無知，其實是展開許多有趣歷程的開始。

本文選自李惠貞《成爲自由人》，二〇一九，維摩舍文教

怡君老師的非典型思考時間

不只是尚未找到人生方向的青少年，很多大人們也對萬事提不起熱情興趣，只不過必須養家餬口，窮忙工作已消耗大半時間而已；這種百般聊賴的日子看似無害，實則非常腐蝕心靈。

美國博學家班傑明．富蘭克林曾說：「有些人雖然七十五歲才入土下葬，靈魂卻早在二十五歲時死去。」（Some people die at 25 and aren't buried until 75.）誰也不想變成這種行屍走肉，但到底該怎麼辦？

作者在標題即明示自己思索後的答案：無知。

當我們形容一個人「無知」，多半是指這人沒有知識、不明事理；哲學家蘇格拉底也曾說：無知就是一種罪惡，這下子「無知」的負面意味更多了些。然而單從字面上看「無知」，卻是一切求知欲望的起點。嬰孩因為無知，這世界分秒充滿驚奇，從未有無聊、無趣之感，換句話說，只因為我們不願承認自己「無知」，才會變成作者筆下的那種「無知」。

因為無知而驕傲自大，妄自下了判斷，「不知道自己不知道什麼」，把自己禁錮在慣性思維裡，太多二手資訊讓你以為自己「知道」，在資訊爆炸的元宇宙世代，「道聽塗說」已成為一種需要戒掉的壞習慣。

延伸提問與思考

Q1 回想最近拒絕參加的一場活動或邀約，把原因列下來，哪些是屬於自己的想法，哪些是屬於二手資訊，或者幾乎不思考就做出決定？

Q2 有種無知是「知道自己不知道什麼」；另一種無知是「不知道自己不知道什麼」，想想現在的你，哪一種無知比較多？是什麼原因形成的呢？

Q3 同樣一部電影，有人推薦、有人負評，套用上題兩種無知的定義，練習寫出各自可能發展的行動結果。

你是否也想解決擔心分組找不到人的困境，而做出什麼妥協或加入不喜歡的小團體裡？還是只好持續「登入」，在虛擬世界裡尋找避難所呢？

03 人際學

引言

一門別人越幫越忙、只能自學的人生必修課

有個笑話是這樣的：

「有個人中年決定當個隱士，離開城市到了山上修行，過了一段時日之後，他的朋友去拜訪他請教一些問題，離開時這位隱士問了朋友一個問題：『大家有注意到我的修行嗎？』」

這笑話告訴我們，想放下人際關係的牽掛和羈絆，有多難啊！知名心理學家阿德勒曾說：「所有的煩惱都是人際關係的問題。」看來連隱士都無法完全超然度

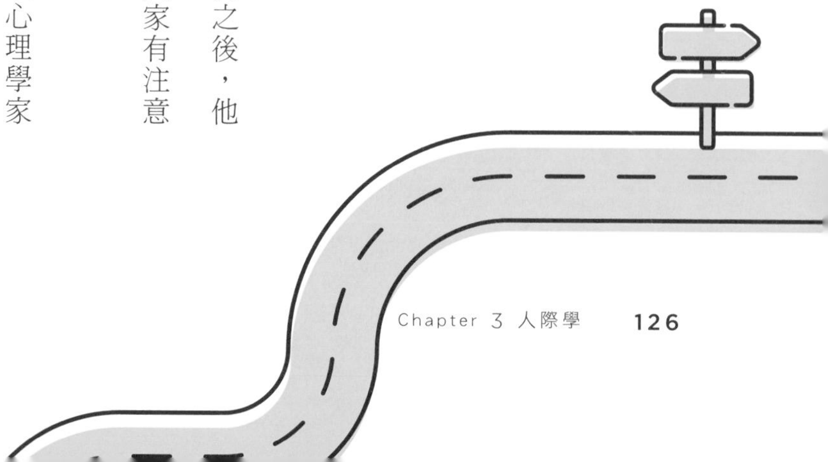

日，究竟這位隱士想跟人們在一起，還是想離群索居呢？

仔細一想，我們期待做自己又無法拋開別人評價的心情，似乎也跟隱士一樣矛盾，對嗎？

盤點人生中的人際關係不只有同儕，還包括家庭裡的父母手足、一起工作的上司下屬與合作夥伴、愛情裡的兩人世界……隨著下一代誕生，開展更多元的際遇而擁有與他人不同的人際關係。

比如說：過去只有討論區沒有手機的世代，很難想像如影隨形的社群互動；如今VR科技創造虛擬空間、AI人工智慧讓Siri與你對答如流，二〇二一年元宇宙誕生，這些隨之帶來的新刺激、新議題，又會讓幾個世代的人難以想像了。

「科技來自於人性」原本是一個手機品牌的廣告口號，當時科技的發明原本想連結人群創造更多溝通機會，誰能想到後來智慧手機的誕生，漸漸讓手機演變成逃

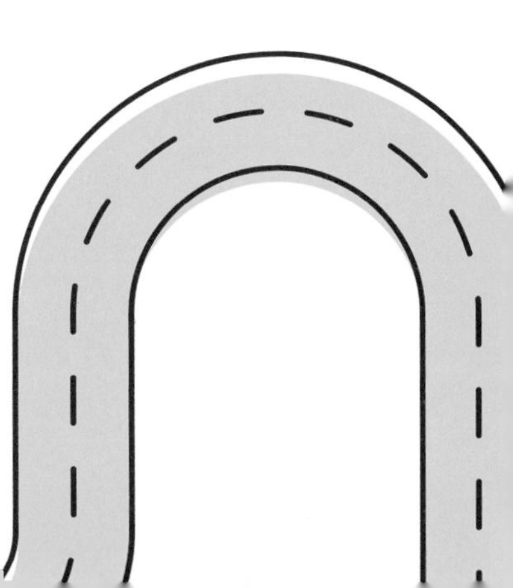

離現實生活的一種管道，接下來創造的「平行時空」，真的能讓我們鬆口氣嗎？

分享一則新聞：二〇二一年十二月，一名女性玩家在Meta元宇宙剛開放的虛擬實境的社交平臺上遭到性騷擾，她被虛擬世界裡的其他玩家觸摸身體，而周邊的玩家沒有阻止反而圍觀，這讓她「感覺比真實世界更差」，登出之後心情久久不能平復。這並不是單一事件，Meta的處理方式則是新增加「安全區」的工具，提供一種「保護泡泡」的功能，只要感受到威脅，就能進入安全泡泡裡，其他人無法與之互動，直到玩家自己解除這個狀態。

看來，人類運用科技想盡辦法創造的烏托邦，終究無法解決任何問題，無法阻止我們心裡產生感覺、煩惱和情緒，甚至必須面對更多難以想像的挑戰：

躲在螢幕和鍵盤後面，藉由匿名能逃避「道德責任」，讓人更加大膽妄為；加速傳播的訊息社群，病毒式擴散的評論，讓人招架不住千言萬語；走過必留下痕跡，大數據運算連結的各種搜尋，讓人毫無隱私祕密可言。不斷登入、登出、上線、下線……繼續使用切換身分的逃避策略，只會讓我們感到更加恐懼匱乏，因而犯下「隧道效應」的錯誤。

在《匱乏經濟學》一書中，心理學家證實「匱乏感影響人的心智判斷」，匱乏感像是把放大鏡，當我們因為各種問題分身乏術時，通常會放棄解決所有的問題，只能專注在眼下的問題，視野只盯著眼前的一點光亮，如同在隧道中那樣狹隘，這就是「隧道效應」的概念，讓人在做決策時無法想得周全，最後做出不利於自己的決定。

最簡單的例子是欠卡債的人，明明知道循環利息高得嚇人，卻總是有一堆意外的理由把錢挪去他用，到了繳款期限仍然只繳最低金額，最後落入高額巨債的惡性循環。把隧道視野應用到人際關係裡，你是否也想解決擔心分組找不到人的困境，而做出什麼妥協或加入不喜歡的小團體裡？還是只好持續「登入」，在虛擬世界裡尋找避難所呢？

聽過伊索寓言中「父子騎驢」的故事嗎？一對父子牽著一隻小驢到市場去準備賣掉。路上遇見一群小姑娘，說：「沒見過這麼笨的人啊，有驢不騎，寧願在地上走。」

聽完這話，兒子便騎到驢背上，不久之後，又遇到一群老人說：「年輕人自己騎驢真不孝，竟讓老父親在地上走。」於是只好換父親騎上了驢背。

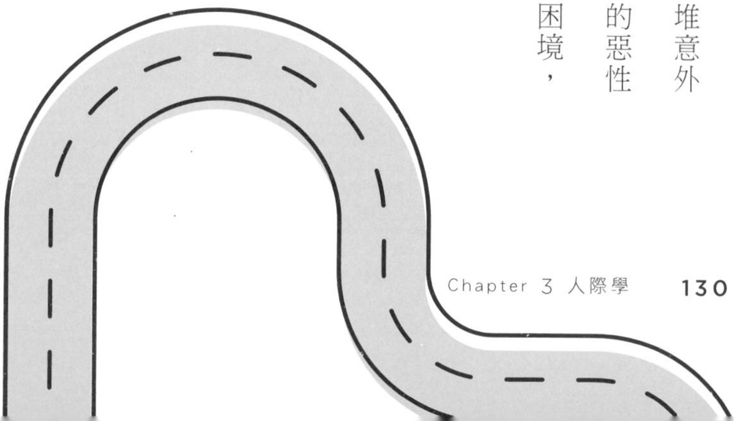

走著走著，又有人說：「這老頭心真硬，居然忍心讓孩子在地上走，自己騎在驢背上。」沒想到最後竟然還有人說：「你們怎麼能這樣欺負動物呢？應該扛著牠才對啊！」怎麼做都有人批評，難以討好所有人，自己變得無所適從，忍不住想放棄，這情境是不是很熟悉呢？

很多人都抱怨學校沒有「教」人際關係相關的課，事實上這就是一門別人越幫越忙、只能自學的人生必修課。在這個章節裡，我想提供一些探討「自己」與「群體」之間的文章，藉由各種情境與不同個性的人，拓展你對人際關係的認識與想像，最重要的是想讓你知道，不論國籍、年紀和性別，大家都有各自的功課，不是只有你感到困難，一點都不孤單喔！

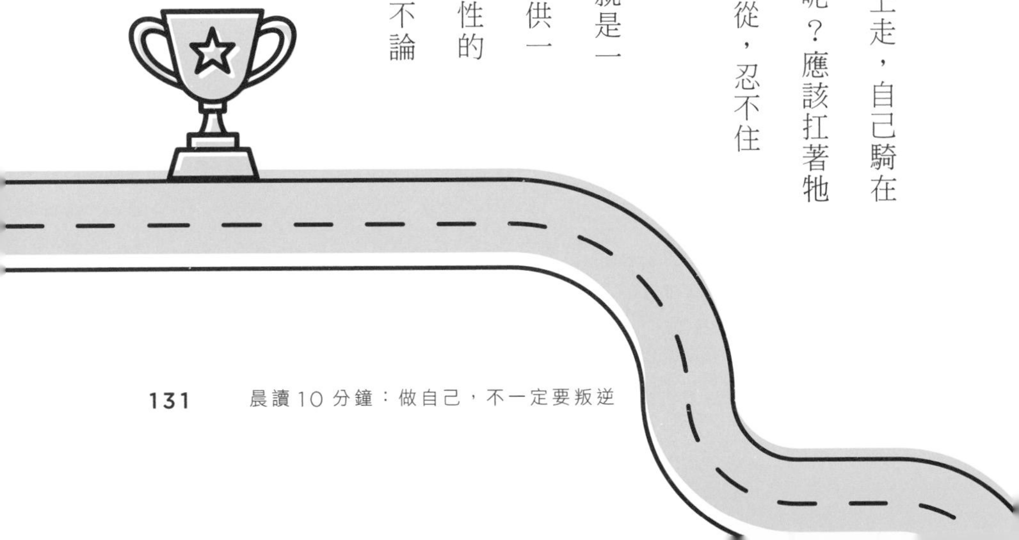

害怕衝突的背後，其實是缺乏這些能力

文——羅怡君

好不容易盼來連假，你正計劃倒頭呼呼大睡，此時同學傳來訊息邀你出去晃晃，沒事幹的他想找人一起消磨時間，但口袋沒錢的學生能去的地方不多，你已經厭倦漫無目的的瞎聊閒晃，平常在學校該八卦的都講完了啊！然而你想到連假結束後，面對他的臉色或抱怨就心煩，找理由他也聽不進去，與其擔心這麼多，不如勉強自己出門應付一下吧。

和同學碰面，陪著他看完電影後找地方聊天，話題轉到學校老師身上，其實你心知肚明，只要他心情不好就會抱怨老師傳統八股，雖然老師個性比較嚴肅、規矩很多，但處事還算公正。你觀察現場氣氛，決定還是忍耐一下，大家你一言我一語聊得起勁，只要不逼你開口附和就好，免得弄得場面尷尬、前功盡棄。

終於結束聚會回到家，一進家門就聽到媽媽和哥哥為了生活習慣爭執，你最受不了這種高分貝的衝突，加快腳步低著頭躲進房間，忍不住也想發一頓脾氣，好好一個假日搞得烏煙瘴氣，人生怎麼這麼煩？如果我是你應該也會覺得委屈；明明自己已經替別人、替大局著想，怎麼還是沒有「好下場」？難道應該學任性的人「做自己」，就能拋開這些煩人的情緒嗎？

先別急，不必想得如此極端。仔細回顧一次剛剛發生的事情，應該不難發現這些事件的共通點，正是你不斷的「逃避衝突」。

衝突並非只有表面上的爭吵，也包括需求與他人不一樣、不認同對方想法、做法，或者最後期待的結果不同。這樣說來，我們幾乎每天都會面臨各種衝突，更別提長大後得面對的工作場合、比賽競爭、談判協調……，若只有一種逃避的應對方法，可想而知你的人生當然充滿困難。

除非有特殊目的，比如說刻意挑撥離間而得到某些利益，否則沒有人喜歡衝突；因為衝突會引發身心的不適感。嚴格說起來我們根本逃避不了衝突，但若只是選擇忽略，或者延後處理，最後也會因無法承受長期身心不適而必須承擔各種後果。

話說回來，你曾想過為什麼害怕衝突嗎？人生中有哪些事情，你不會選擇逃避呢？到底什麼因素影響你做出不同選擇？

多數逃避衝突的人，最常掛在嘴邊的一句話是：「我也不想啊，我不是不知道怎麼做，而是我不敢這麼做！」寫到這裡，答案應該已經呼之欲出：選擇「戰」或「逃」的關鍵因素，來自於你認為有沒有能力保護自己、找到解決方案。

過去工作經驗告訴我，「衝突」是一把解鎖鑰匙，只要看清楚衝突點是什麼，需要被解決的問題就會具體浮上檯面，才能有機會一一梳理、找出共識，那麼距離完成案子的目標也就不遠了；若表面上沒有任何衝突，但卻停滯不前，反而無法找出施力點，難以捉摸利益關係人的想法，事情就會變成一灘死水，毫無進度。

工作如此，生活也是如此。想使用這把解鎖鑰匙，只需要三種能力：

一、與負面情緒相處的能力：

察覺可能有衝突產生的時候，你第一個念頭是不是很希望這種尷尬、不舒服的狀態儘快結束？不論壓力來自他人或自己，都會伴隨各種負面情緒：猜忌、懷疑、質疑、不安，「只想儘快結束這一切」的心情，會讓你急著滿足對方而做出道歉、承認、沉默的行為。

試想一個情境：下雨天走在路上，不小心鞋子踩到一灘水，整隻腳溼答答難受極了，不過也不可能馬上換穿鞋襪，只好忍耐一下繼續前進，回家再處理，總不可能馬上脫下鞋子，待在原地不動吧？

把溼透鞋襪想像成衝突時的不適心情，你必須知道剛剛發生什麼令人不愉快的事，需要表達自己的想法與心情，也給對方一個機會說明解釋，在一來一往過程中會蒐集更多資訊，漸漸彼此才能找到平衡的作法與共識。

世界上任何事情都不會停留在某一刻。只要保持這樣的信念，勇敢正視自己的情緒，時間也會協助你釐清更多混亂的線索，看清真正的衝突點。

二、事先規劃的能力

其實從小我們就經歷各種衝突，還記得跟兄弟姊妹搶玩具、互指說謊，或是家事分配起爭執嗎？其實你有過很多面對衝突的經驗，回想一下有讓你痛不欲生、萬劫不復嗎？也許家人能讓你感到比較安心，吵過之後還是一家人，自己承受得起最壞的結果，也能預期可能的後果，只是場景換到家人以外的地方，加上長大之後「後果」變得更難承受，你開始想像一切會失控。

想像會帶來更大的恐懼，只有行動才能讓自己停止胡思亂想。

拿出紙筆，寫下可能會發生的情節發展，你就是個編劇家，盡情發想各種好的或壞的「結局」，然後想像若真的發生怎麼辦，可以做些什麼，會永遠保持這樣嗎？如果不想發生某種結果，可以事前做些什麼呢？

也許有些情境並不好受，但是做好心理準備，也不過就是溼透的鞋襪，時間會帶著我們越走越遠、越練越強。

三、溝通表達的能力

同樣四個字「你怎麼啦？」，誰說出來你會感覺是關心問候，誰說出來會讓你感到被質疑，甚至不耐煩？

一杯好喝的飲料，除了茶好料多，甜度與水的比例也很重要，過甜過澀都讓人無法好好享受，同樣的道理，溝通不只是文字言語，還有表情口氣，以及內心真正想傳達的情感，面對衝突時，需要先把自己準備好，我們想給對方什麼訊息、什麼感受，他習慣的表達方式又是什麼呢？

我們想表達的可以是生氣的感受，而不是生氣的衝動行為；我們可以表達不滿，但不是充滿評斷的反擊；因人而異調整比例，才能精準且誠實表達自己的訊息，這也需要長時間的觀察與練習。

衝突是對話的開始，勇敢面對衝突，就是將自己打開與他人連結，你會意外發現，原來我們相同的地方比不同還多！

怡君老師的非典型思考時間

你有聽過「濫好人」這個名詞嗎？ 濫好人就是害怕任何衝突、尷尬場面的最佳代表，只求表面和諧而忽略是非底限，希望大家一團和氣就好。咦？ 明明是最沒有自己立場、成全別人的好人，怎麼還被加個氾濫的「濫」字，可見得這樣不太受歡迎。

套句大家常用的說法：好「虧」喔！ 這麼不值得，誰還會想當濫好人啊？

除了這篇文章說的缺乏處理能力的原因之外，還有一個隱藏版的原因：你還不夠了解自己。

當事情發生的時候，可能只有一種隱約奇怪的感覺，但還沒機會釐清自己的想法，不知道自己想要什麼、該對什麼生氣，簡單來說，整體價值觀尚未成形，因此不清楚自己的底限在哪裡。

這樣的人在團體裡就是「+1」的跟班咖，當跟班不用動腦，別人也不期待你動腦。在校園裡過這樣的日子輕鬆無壓力，也不容易出大問題，只不過隨著你漸漸長大會發現，怎麼壞事鳥事盡找上濫好人？

這並非運氣不好，而是濫好人不懂拒絕容易妥協，與其相信改名改運，不如回顧自己的行為模式是否才是真正的肇因吧！

延伸提問與思考

Q1 想要拒絕別人的要求，有哪些表達方式？ 開始列出幾種表達「不」的方法，如果不知道，可以從觀察模仿別人開始。

Q2 在生活中，你最常或最敢拒絕誰的要求？ 是家人或是哪個特定朋友？ 想一想原因是什麼。

Q3 反過來思考，你也能接受別人的拒絕嗎？ 什麼情境你會感到尷尬生氣？哪些事又可以坦然處之呢？ 仔細思考其中的差別。

YouTuber Alizabeth娘娘的職場之道：你可以做自己，但不要變自目

文——廖婉書

作為泰國華人、跨性別網紅，甫出版人生第一本書《不被認同，才與眾不同》的Alizabeth娘娘（林正輝，以下簡稱娘娘），讓人好奇她對「自我認同」的挖掘深度。沒想到她卻說：「我是來臺灣念師大大眾傳播研究所後，才了解自我認同和性別認同的定義。」原來，在泰國，比較少人談「認同」，但回顧過去，娘娘認為自己早就意識到「自我認同」。

以前，她對認同的定義是「能不能得到幸福」，現在則專注在「自我」。當把眼光看向自己，要「做自己」就不難，因為你清楚自己要什麼。

也因此，面對職場、人際關係，娘娘自有一套「與眾不同」的法則，不追求社會的主流價值觀。

娘娘認為，每個人都有追求認同感的方式，「不能因為一個人的行為，就判斷他的性格，要看背後的人生脈絡。」才剛露出認真的神情，下一秒娘娘卻又笑笑的說：「但我也很懶得去了解一個人為什麼會變這樣，太累了。我主要還是看臉，因為看帥哥會讓我有愉悅感。」

工作的成就感是來自個人努力，要感謝自己

有的人會把成就感建立在工作上，娘娘認為這是件危險的事。「萬一你沒了這個工作，或是得不到掌聲了，該怎麼辦？」對娘娘來說，她的工作觀就是：自己比工作重要。「要時不時的鼓勵、讚美自己，有機會就要站上舞臺，有人說『謙虛使人進步』，我覺得根本是廢話。」她大笑。

看開工作中得失，是娘娘過往工作經驗的積累。她曾在泰國當過娛樂記者，最大的體悟就是：「沒有誰不能被取代」。

因為娘娘會中文、泰文，又會主持，當時她抓緊各種採訪機會，拚命問問題。因為她的積極，得到許多獨家內容，也成為她工作的籌碼。

後來公司經營逐漸走下坡，娘娘離職後，公司找了另一個人來接替她的工作，但對方無法延續娘娘的風格和工作態度，節目很快就收了。這讓娘娘體認到，建立自己的無可取代性非常重要，一切的努力都要為了自己。

若在同事身上注入太多情感，反而拘泥

面對職場各種鳥事，與主管、同事相處之道，娘娘有一套生存之道。曾經在當記者時，與同事建立深厚感情，後來這群同事因公司發展不佳、相繼離職，當時她遮不住難過的情緒。

但她很快就明白：「同事，就只是同事」。畢竟，同事們來來去去是常態，在工作上多少需要相互協助，她告訴自己，保持良好互動，不一定要投入太多情感。適時把自己抽離，反而會更自在。

至於向上管理，雖然娘娘會跟著同事一起抱怨主管，但卻不會因此對主管持負面觀感。

「同事和主管對你都會有利益關係，但可以給你更大利益的是主管，讓你工作

順利、升遷的也是主管。雖然這樣講好像很虛偽，但清楚自己要什麼，至於別人要怎麼看，就是另外一回事。」娘娘說。

這樣的個人見解，也許在他人眼裡顯得勢利，但過往工作經驗讓她體會到，在職場上，就是要認清自己的角色和環境，做好該做的事。

「沒有一個企業體制和主管是完美的，有句話說『對事不對人』，但對主管就是要『對人不對事』。」她強調，要摸透主管的喜好，就算是白目主管也有適合的溝通方法。「如果主管喜歡人家拍他馬屁，那就拍啊！」娘娘笑著說。

她認為，每個人走進職場，或多或少都會戴上面具，但只要掌握「個人角色」的分寸，在職場上做自己，並不是這麼難。

「有的人說自己就是說話直接，但如果在主管面前講話很直接，那不叫做自己，叫白目。」

也正因著娘娘的外型、性別認同跳脫傳統社會期待，所以磨練她這些年更加堅定的信念。「要我談霸凌和歧視，講都講不完，唯一應對的方法，就是心理認同。」她的祕訣是，要夠認識自己、接納自己跟別人的不同，才能過得快樂。

娘娘坦承，國一以前，她覺得自己長得醜、不喜歡拍照，後來慢慢接納自我性別，才走出困境。

面對各種批評、偏見，她認為，要怎麼解讀都取決自己。「當二元對立被打破後，你就有很多選擇，世界不是只有黑白、好壞，很多時候，可能是灰色。」所以，娘娘喜歡傾聽社會上不同的聲音，這也是她拍訪談影片的初衷。主持人曾寶儀、金鐘影帝吳慷仁、臺灣性別平等教育協會理事翁麗淑等，都曾是座上賓。而她最想邀請、卻一直得不到回應的，是護家盟。

「邀請他們，是想聽對方怎麼說。我覺得溝通很重要的一件事，是你有沒有把對方的話聽進去。」

娘娘認為，每個人都有自己的立場和邏輯，就算不認同對方的觀點，她也不會想反駁。「溝通不一定要達成共識，如果大家想得都一樣，我反而會懷疑自我存在的價值。」

也就是說，當自己的立場被否認，也不一定是失敗的溝通，娘娘認為，只要對方有聆聽你的立場，再表述另一種思維，即便沒有共識，也只是兩條沒有交集的平行線。

如同她書中所說：「有效的溝通是一方把另一方的話聽進去，不見得要有共識，但至少願意接受對方的論點。如果只能接受單方觀點，那叫洗腦。」

勇於與眾不同，在職場、人生打破傳統價值，正是娘娘受網友喜愛的原因，不需要事事追求他人認同，正是娘娘的人生核心信念：「如此，我才與眾不同。」

本文選自《Cheers快樂工作人》Web only，廖婉書，二〇二一

怡君老師的非典型思考時間

同樣是「做自己」，為什麼有些人被稱讚率性自在，有些人卻反而被討厭？

來自泰國的娘娘是一位跨性別的網紅，不論喜歡或討厭她的人，至少都同意她非常「做自己」，究竟做自己需要付出什麼代價、擁有怎樣的心理素質？最重要的是，怎樣才算「做自己」？

有部電影《我是傳奇》，描述紐約市居民因某種異變病毒成了只能在黑暗中行動的吸血生物，而主角威爾．史密斯在裡頭是整座城市的唯一活人，他的夥伴只有一隻狗，沒有任何人與他互動。

想像一下沒有任何拘束和限制，想做什麼就做什麼、想說什麼就說什麼，這樣的生活如何呢？影片中有一幕令人印象深刻，他到服裝店裡對著道具模特兒，一人分飾兩角對話，雖然自由卻感到無比孤獨寂寞。

因此再看一次這篇文章，你就會慢慢領悟到，真正的「做自己」其實是一種相對概念，沒有「別人」你就無法藉此定位，那個「自己」根本無法單獨存在。

延伸提問與思考

Q1 你想像中的「做自己」是什麼意思？為什麼不敢做或做不到呢？

Q2 很多人希望任何事情都照著自己想法發展，不過自己的想法就一定是最好的嗎？如果覺得別人的建議很好而做了改變，這樣還算是「做自己」嗎？

Q3 在你心目中，還有哪些人是「做自己」的典範？查詢一下他們的故事，是否曾做出什麼改變或嘗試呢？

改變很困難嗎？切換視角讓你輕鬆跨出第一步

文——洪澤洋

不管你是不是「做自己論」的支持者，在這個世界上，要想過上更加輕鬆愜意、順心如意的生活，「改變」還是一個不可或缺的有效策略。

以前我是一個非常討厭變動的人（其實現在某些時候也還是如此），近兩年不知道是不是年紀漸長的關係，好像對一些事情的變動開始增加了容忍度，有些過去比較不願意嘗試的活動（如：陌生社交），現在變得比較願意嘗試看看，給未知一個機會。

最近重新整理筆記的時候發現，有可能是因為自己誤打誤撞調整了認知，重新界定這些未曾做過的行為，因此產生了完全不同的結果。

所以我今天想要來聊聊，在職場中，如果明知道現在這樣下去不太好，明知道應該要改變，可是卻非常抗拒的人，可以怎麼調整心態，讓發生改變的機率上升。

首先，我們先來聊聊「改變」這個詞。

過去有一段時間我非常喜歡看一些心理勵志、個人成長的文章，這類文章裡面又會有一類鼓勵大家要找到自己、扮演自己、呈現真實的自己。

我覺得這樣的論述本身沒有錯，可是問題在於，有時候這種論述會讓人過度延伸了自己的範圍，延伸到：把任何微小的改變，都理解成了「不是做自己」或「不是真實的我」。

如果說，你生活、工作的情境可以讓你盡情的扮演一種單一角色，而你又能從中獲益，那麼持續用所謂「真實的自己」去跟這個世界互動，自然是沒問題。

不過我想，大部分人出社會一段時間後，也都會清楚的意識到——

正因為大家都期待世界上的其他人能夠配合自己，所以這世界更加不可能是繞著自己轉的。

看看《延禧攻略》中的乾隆，連中國歷史上最有權勢的皇帝不都要偶爾配合一下後宮嬪妃，不是嗎？

所以，不管你是不是「做自己論」的支持者，在這個世界上，要想過上更加輕鬆愜意、順心如意的生活，「改變」還是一個不可或缺的有效策略。

可是一講到改變，很多人就會眉頭一皺，覺得很麻煩、很痛苦，有許多朋友在面臨職涯困境的時候，明明手上已經有方案，腦海中也有了應對策略，卻始終遲遲沒有去做，也都是因為卡在「改變太痛苦」這個點上。

更加糟糕的是，通常在可以自主改變時你沒有選擇改變，持續拖延而超過了某個時間點後，你身處的環境，還是會逼迫你改變，這時候反而必須經歷更大的痛苦。

既然早晚都要改變，那麼我們到底該怎麼讓「改變」變得容易一些呢？我認為第一件可以做的是：重新定義「嘗試未知行為」對你而言的意義。

具體的方法是：用「探索」取代改變。

如果今天你是一顆蘋果，我希望你「變」成一棵蘋果樹，以及我希望你「長」成一棵蘋果樹，在心理上其實是有小小的感受差別的。

前者會給人帶來一種：必須立即、一次達成、沒有犯錯空間的感受；而後者反而給人一種：一次調整一點點、拉長時間、逐步犯錯修正並成長的過程。

改變與探索這兩個詞彙，就有點這樣的差異。

改變一詞比較容易給人必須完全捨棄本質、立即快速，並且完全不同的印象，這很容易帶來心理上的壓力，可是探索不同，探索比較像在原有的本質上加工、逐漸過渡、一次做一點點修正的感覺。

改變是：把自己認定成是一個固定的A，要變成完全不同的B，是你站在一個往後一點點的時間點，回頭看現在的自己。

探索則是：把自己認定為已知的一部分，外邊還有另一部分未知的自己，你是站在一個遙遠的時間點回頭看現在的自己。

當我們把時間的維度拉得很長，拉到你人生結束前的那個點往回看，你會發現根本沒有「改變」這回事，人生就只是一連串微小的「嘗試未知行為」所串連起來的。

當事情變成探索，心態就不同了。我們會意識到，我們不只是A，而可能是A＋B＋C＋D＋？＋？＋？＋……，你知道自己現在是什麼樣子，你也知道還有一些不了解自己的部分，而這些未知的部分不一定不是自己，也不一定是自己做不到的，只是過去沒有經歷過而已。

這時候，你不是要變成一個完全不同的人，而是要去找找還有哪個不知道的面向？會不會其實我還有自己不知道，但也很好的另一面？

改變，會讓人覺得關乎「成敗」，有可能投入了心力卻沒有達成，有失敗的風險，而會感到害怕、恐懼、焦慮、擔憂……，所以講改變，後面就還要講怎麼克服恐懼、懶惰？怎麼調適心態？這就會把嘗試未知的行為，變成一個很大、很複雜的題目。

可是如果是把嘗試未知行為定義成探索呢？探索沒有成敗問題，因為不管你做了什麼，一定都能讓你更加認識自己。

突然間你所做的一切都沒有對錯了，只要你「去做」，就都是有用的，心態也一下子輕鬆不少，比較能用玩樂的心態去看待未知，反正只是在玩，哪有什麼好壞成敗？反正只是嘗試看看，不行再退回來就好，不管怎樣都是更加開闊了視野。

其實我以前是一個非常非常固執的人，尤其是在社交領域，我常常會有一個慣性的思維，認為從A點到B點，就一定要怎麼走、怎麼做，不能用其他的方法、方式，可是這讓我在職場上吃了很多苦頭，很多時候還不是因為別人阻礙我，而是因為自己莫名的執著，而選了一個很費工、很繞遠路卻沒什麼成效的方式。

我甚至認為，別人的方法是他才做得到，我不是他，所以我做不到，也經常聽不進他人的建言，最終變成一個卡在職場上動彈不得，不被喜歡的角色，雖然過程中非常痛苦，但也因為一直只敢嘗試已知領域的方法，始終沒有辦法突破困境。

在意識到自己真的不得不調整後，我開始挑戰參加一些陌生活動，帶著名片去跟陌生人交流，甚至在上課的時候，刻意要求自己跟旁邊的人聊兩句。

以前不想搭話的場合會馬上離開，現在則會讓自己多待一下，甚至是微笑應對，而這種人際交流的拓展，也確實為我的職涯帶來了巨大的轉變，讓我踏上一條全然不同的道路，是過去的我從來沒有辦法想像的。

相信我，作為一個熱愛科幻題材的美術設計師，我那時能夠想像到的最好的自己，就是變成一個很會畫畫的大師而已，哪有可能想到，原來這世界上還有一個領域叫職涯輔導，然後我還能在此寫寫文章跟大家聊聊心得看法。

有一句很棒的話是這麼說的：人無法用相同的自己，得到不同的未來。

如果，你也是長期被「改變」一詞壓得喘不過氣，明明想要過上不同的人生，也想到一些可行的方案，卻始終沒有勇氣踏出第一步，那麼推薦你試試看，在心理上先把「改變」換成「探索」，或許就可以消除一大部分的複雜情緒，讓你更容易從「已知」跨入「未知」喔！

本文載自Josef Hung的Medium專欄，洪澤洋，二〇一八

怡君老師的非典型思考時間

編這本書的時候女兒正值國中二年級，有次和她聊天的時候我告訴她：「你有沒有發現，只要是我向你推薦的事物，你都很快說不要、不喜歡，後來別人也說了同樣內容，結果你的反應完全不一樣耶，你有發現嗎？」

她想了一下說：「可能我擔心我聽了就會被你說服吧！」

「但是我沒有想說服你啊，只是聊天分享而已，為什麼你同意我的看法就是『被說服』呢？」

或許不只她，我們都曾有同樣的心態：想要在「權威」面前盡力維持自己的樣子，不想輕易的被改變。

對小孩來說，家長、老師就代表「權威」；對大人而言，「權威」的代表變成了老闆、客戶，當我們面對權威的時候，容易築起高高的心防，用戒備的心態互動，認為別人的建議就是批評，或者要求我們照做，結果為了刻意拒絕反而忽略自己內心其他的想法，最後也錯過了有意思的事情。

不論最後要不要聽對方的建議做出什麼改變，都是「你自己」做出的選擇；連遊戲都有改版、手機都會升級，「做自己」難道只有千古不變的版本嗎？

延伸提問與思考

Q1 你期待別人對你有禮貌嗎？想一想，對別人保持禮貌和平常你跟其他人互動不同，這樣就不算做自己嗎？

Q2 如果做自己會讓多數人感到不舒服、不喜歡，你會重新思考「做自己」的方式嗎？你是如何了解什麼是「自己」的呢？

Q3 當別人的「做自己」和你的「做自己」衝突時該怎麼辦？生活中有沒有這樣的案例？

我聽得見沒有說出來的話嗎？

——學會閱讀空氣

文——褚士瑩

傾聽和主動傾聽最大的區別是，傾聽是聽說出口的話，而主動傾聽，是試著去聽那些沒有說出口的話。

當我們到一個比較高級的餐廳時，負責點菜的服務生通常會問：

「有沒有什麼不吃的？」

「可以吃辣嗎？」

「有任何食物過敏嗎？」

「在座有人是吃素的嗎？」

面對不同的客人，除非是一個自負的廚師，否則不會堅持自己的做菜方式。自負的廚師，往往忘記自己跟自己所做的菜，都是為了顧客而存在的，走進餐廳的顧客，並不是為了廚師而存在的。

所以一個好的對話者，也要記得自己所說的話，都是為了對方而存在的，跟我們對話的人，並不是為了我們而存在的。「面對思考方式不同的人，我應該用同一套方式對話嗎？」這個問題的答案就呼之欲出了。

對於不同的客人，不能用同一套菜譜，不給素食者做肉食，帶小孩聚餐時不選麻辣火鍋店，不給孕婦上酒，相信每個人都能同意這是基本的尊重。

雖然說是基本的，但是在日常生活的對話中，大多數人卻難以做到。比如一個媽媽會忍不住限制孩子的自主性，一個朋友會忍不住給對方戀愛建議，或是面對剛剛失去了母親悲痛不已的人，卻總是有人把「這沒什麼大不了，誰的父母不會死？你振作起來！加油！」當作安慰的話，或是故意去鬧正在氣頭上的人，說一些自以為幽默的話，以為這個叫做緩解氣氛。

在臺灣，會把這種人叫做「白目」，在日本，則會說這個人「不會讀空氣」（空気読めない），但是意思是一樣的，都是說不會察言觀色、搞不清楚狀況，或是不會看人臉色。

說不定，你也玩過一款日本推出的 App 遊戲，就叫做「閱讀空氣」，這個遊戲可以測試一個人的「白目程度」，一開始的畫面就在螢幕中央用書法大大的寫了「閱讀空氣」四個大字，彷彿要進入一個異次元空間。進去以後裡面會出現很多狀況：電車上有空位……該坐哪裡？擁擠的電梯裡進來兩個人……移動？不移動？

捷運的電扶梯上端兩個人一左一右站著聊天卡住了通道……左邊的人該移動，還是右邊的人？偶像來開球……要打？不打？國王召見請你拯救世界……答應？不答應？透過操作畫面中紅色的人，在不同的狀況下採取不同的反應，來完成動作。在這個遊戲裡，大概五題或十題之後就會給一個評語，像是「巧言令色」「恰到好處」「勉強可以」「有點糟糕」等。

很快的，玩家就會發現，其實人與人之間相處，都會存在一個氛圍之中，即使不透過話語，我們也能感受到空氣中傳遞的訊息。如果不想要當一個常在狀況外的人，就必須學會閱讀空氣，去改變一些行為，例如遊戲中有一個在電車上的狀況題，你一個人坐在三人座的中間位子，兩邊則是空位，這時來了一對情侶，當三個人面面相覷時，你會怎麼做？

要當一個白目、還是一個能夠察言觀色的人，其實都是我們自己的「選擇」。

換句話說，沒有什麼空氣是看不懂的，只是我們選擇要不要回應、如何回應。「讀空氣」並非只是單純察言觀色，而是培養觀察環境氛圍、提出並溝通改善意見，再加上落實執行的綜合能力。

這個遊戲系列雖然簡單，從二〇〇八年推出以來，累積遊玩的人次卻超過一千萬人，Nintendo Switch版中，甚至還追加了可以兩個人一起挑戰的「兩人一起閱讀空氣」（2人で空気を読む）模式，測驗「兩人閱讀空氣程度」。也就是說，一個人單獨的時候，跟兩個人或是一群人的時候，我們可能會採取不一樣的行為模式。所以在放學時間的擁擠公車上，一個落單的高中生往往會安靜低著頭裝睡或是玩手遊，避免跟任何人互動或眼神接觸，但是一群高中生卻會用高分貝的音量大聲喧譁，引起全車的乘客側目也不在乎，甚至覺得有點光榮。

「我們又不是日本人，幹麼活得這麼累？」然而體貼、為人著想、遵照慣例、有所顧慮……真的是日本人才需要的互動模式嗎？

「閱讀空氣」其實就是「主動傾聽」的具體表現，而主動傾聽是對話必要的關鍵能力。

作業練習

你一個人坐在三人座的中間位子，兩邊則是空位，這時來了一對情侶，當三個人面面相覷時，你會怎麼做？當這對情侶假裝對你視若無睹時，你又會怎麼做？

你知道為什麼你內在的操作系統，會讓你做出不同的回應嗎？

本文選自褚士瑩《看見自己說的話：9堂雙向思考練習，解鎖你的對話力》，二〇二一，大田

怡君老師的非典型思考時間

當我還搭公車上班時，我喜歡坐在後門左邊第一排靠窗座位，因為上車的站接近起點，幾乎每次我都能如願以償；之後上車的乘客大多單獨就座，因此後排兩人座位都空著一個，隨著乘客越來越多，想坐的人就必須從這些空位中挑選。

好一陣子我才發現，明明我身旁空位離門最近、最方便，但只要有其他選擇，大家都會遲疑後選了其他空位。有次我和同事聊起這個發現，她們竟然笑著說：「可能是你臉上寫著生人勿近，大家都讀到了啦！ 不然說實話，你是不是很不喜歡別人坐旁邊？ 」

這不就是「閱讀空氣」嗎？ 其實每個人都會察言觀色啊，那怎麼這麼多人做起事來變白目了呢？ 這篇文章最後點出重要的關鍵「主動」，意味著我們在某些時刻選擇忽略或者根本沒有使用這種能力，只想要他人配合自己而已。

有句話說：「最短的路未必是最快。」當我們願意先花點時間主動傾聽別人的想法，乍看似乎效率變差、繞了遠路，然而卻更能掌握各種資訊、情勢，最後反而最快達到共識。即使是學生，生活中仍處處可實驗這道理：小自說服父母讓自己多打電動、大至面試時決定如何回答。下一次，不論你想完成什麼目的，不妨停下來給自己幾秒鐘，好好閱讀一下周圍的空氣，會有什麼珍貴的訊息呢？

延伸提問與思考

Q1 誰是你最想傾訴分享心事的對象？ 這和閱讀空氣或主動傾聽有關嗎？

Q2 主動傾聽和被動傾聽有什麼不同？ 「言下之意」、「話中有話」這兩句成語的內涵與溝通有什麼關聯？

Q3 文章中有提到一個人與群體相處時「閱讀空氣」的結果會不一樣，你有過類似經驗嗎？ 如果有，那個影響因素是什麼？

表達感受：認可情緒，設立人際界線

文——陳志恆

你是個常吃悶虧的人嗎？

也就是，在與人互動時，老是被占便宜，雖然都不是什麼嚴重的事情，但總讓你心裡有些不舒服，為這些事抱怨又怕壞了關係，於是啞巴吃黃連，有苦說不出。

過去，在學校裡擔任輔導教師時，曾遇過一個學生來求助，他說，他想成為一個有自信的人。我問他，為什麼想成為有自信的人？

他說：「同學好像看我很好欺負，總要在嘴上占我便宜，不然就是強硬要求我做這個、做那個，我不想做還說我不合群，我只好乖乖配合。我很想反抗，很想請他們不要這樣對我，但又說不出來……。」

「我覺得，我一定很沒有自信，才會這樣。」他這麼說著自己。

他很羨慕有些人「氣場很強大」，讓別人不敢冒犯，但又不會因此與人有距離。我問他，「氣場強大」的人與他的差別在哪裡？他告訴我：「他們會拒絕不合理的要求，而且是很自然的說出來。可是，我總是猶豫不決，最後又把想說出口的話給吞了回去。」

「告訴我，當你被占便宜時，你的感覺是什麼？」

「很不爽呀！」他說。

我接著問：「還有嗎？有委屈、難過、失落、無助、丟臉、孤單、沮喪、挫敗或生氣這些情緒嗎？」

我列了幾個情緒字眼，與他核對。他想了很久，丟出了一句話：「太複雜了，我不知道。」

我又和他談到，是什麼讓他猶豫不決，有話無法說出口？

他告訴我，也許是擔心破壞與朋友的關係、擔心因此被討厭、擔心被說難相處。他想了想，又說出這句話：「有時候，我常覺得自己是不是太敏感了，應該也沒這麼嚴重吧！」

換句話說，這位同學在同儕間有意無意的被欺負時，心裡有些不舒服的感覺，但卻無法確認是什麼樣的不舒服，甚至，他懷疑是否應該感覺到不舒服。這正是讓許多人無法向他人表達內心不滿的原因——難以確認與肯定自己的情緒感受。

明明在生氣，為什麼還懷疑自己生氣是否是對的呢？

明明很委屈，為什麼還要懷疑自己該不該委屈呢？

那是因為，從小我們就沒有機會練習去清楚覺察與認可自己的情緒感受，而當負面情緒如沮喪、挫敗、憤怒、無奈、茫然等情緒襲來時，我們會很習慣的告訴自己：「不要生氣」、「不要難過」、「沒事的」、「不要想就好了」，也就是，我們容易否認及忽略自己的情緒感受。

當然，這不是我們故意要如此，而是，這個社會就是期待每個人要收起負面情緒，當表現出生氣、焦慮、沮喪等負面情緒時，會被說是「情緒化」、「EQ有問題」，久了，我們也開始否定自己的情緒感受，透過否認或忽視，對我們的情緒感受視而不見。

於是，當壓抑在心中已久的委屈突然冒出來，你一時不知道如何接招，只能不斷告訴自己不該感覺到委屈，盡力想要把它藏回去。

然而，情緒感受本身是沒有對錯之分或正確與否的，情緒感受就是真實發生在一個人身上的經驗；你可以把它看作是個訊號，提醒我們目前的自己正處在什麼處境當中。例如：憤怒時的我們可能正處在被侵犯的情境中；委屈時的我們可能正處在吃虧的情境中；興奮時的我們可能正處在期待被滿足的情境中，所以，情緒感受本身具有提醒的功能，讓我們知道要採取行動去應對——閃避、反擊或者靠近。

換句話說，當你身處危險之中，情緒感受會提醒你目前處境艱難，你就知道要趕緊採取保護措施，設法讓自己脫離險境。萬一，你無法確定自己的情緒，甚至懷疑自己情緒的適切性，那麼，即使情緒警報器嗡嗡作響，你也聽不懂它在傳遞的訊息，更無法當機立斷做出應對行動。

所以，若要勇敢的向他人表達自己的情緒感受，首先應該要能夠覺察到自己目前正處在什麼情緒之中，同時認可這份情緒的存在，也就是，重新找回自己與情緒感受的連結；那麼，你就不需要自我懷疑了。

你要做的練習，是當某種情緒感受出現時，試著找幾個情緒形容詞來描述這份感受，然後，在心中說出來：「我感覺很無力」、「我感到很挫敗」、「我感到很失落」、「我有著罪惡感」等。一旦你能用情緒形容詞將情緒感受辨認出來，你就認可這份情緒的存在了。

人與人之間都會由一道「心理界線」區隔著，心理界線就是區分個體之間的主體性的邊防——我的界線不容你侵犯，而我也不該輕易冒犯你的界線。心理界線清晰的人，總是能尊重對方，也能夠保護自己，與他人保持著自在又合宜的距離，那些氣場強大的人，通常就是如此。而心理界線，事實上就是由情緒感受建構起來的，能夠覺察並認可自己的情緒感受，就能豎起心理界線，對他人做出適當的回應。

不過，當你清楚的表達你的感受與立場時，你也許仍在意他人的觀感，仍然擔心是否被他人討厭。請記得，真正受歡迎的人，是能夠尊重自己也尊重他人的人，若不懂得尊重自己，別人當然也不會把你當作一回事。

真誠的表達情緒感受，或許一開始會讓人覺得你很奇怪，但久了，別人會知道你是個有原則、有底線，而願意自我尊重的人，自然也會開始尊重你，於是，你才能真正脫離總是被占便宜、吃悶虧的宿命。

本文選自陳志恆《從知道到做到：關於那些想做卻又做不到的小事》，二〇二一，謳馨事業

怡君老師的非典型思考時間

關於表達情緒，我有一個印象很深的故事：

有一個國中男孩，身形魁梧力氣不小，被班上同學取了個大猩猩的綽號，也擔心他生氣會有破壞力，他不認為自己容易失控，但他還是接受建議，跟輔導老師晤談。他私下透露，雖然跟輔導老師聊天滿不錯的，但他仍然隱約覺得不舒服：為什麼我要懷疑、檢討自己該不該生氣？

你有沒有類似的情境？被別人「安慰」這事情沒什麼、不值得生氣或難過、別在情緒裡一直打轉、建議「應該」如何如何……。這些話反而讓你覺得自己判斷失誤或 EQ 不夠好，甚至讓你更加生氣怎麼沒有人了解你，也許下次你就懶得開口，什麼都不想說了，對嗎？

「管理」情緒和「否定」情緒常常容易被混淆；每個人的情緒都是真實自己的原始保護力，提醒著你辨認可能會傷害自己的危險因子，當我們人生經歷尚淺的時候，情緒是很重要的一面鏡子，讓你更懂得掌握自己的輪廓。

沒有人有義務了解你，我們每個人的責任便是熟知「如何操作自己」，並且用適當的方式告訴別人該如何和「我」相處，同樣的我們也從別人的情緒中學習別人的界線，這也是上一篇「閱讀空氣」的延伸練習喔。

延伸提問與思考

Q1 **重新學習辨認情緒，可不是只有喜怒哀樂四種而已，想想看你能用多少形容詞辨認各種情緒？（舉例：挫敗、失落、嫉妒、無力……）**

Q2 **同一句話不同人對你說，你是否有不同反應？想想原因是什麼呢？**

Q3 **適當的情緒表達方式有哪些？如果用說的無法和對方溝通，還有什麼方式可以表達自己？**

04 未來學

沒有人看過未來，卻很多人為此滔滔不絕發表高見，而那些人根據的正是「過去」的成功經驗。若再加上未來世界的變化速度，我們為什麼還要吸取別人過去的經驗呢？

引言

有意識的空白，才能容納未來無限可能

未來，是一個很抽象的名詞，永遠不會到來但卻似乎分秒跟緊你：

明明覺得才剛進小學，轉眼間校門口補習班已對著你發傳單；才剛成為國中新鮮人，就馬上有人提醒你及早準備會考；好不容易上了高中職，正想喘一口氣，師長們就要你思考人生、規劃下一步……。等等！不是說「活在當下」嗎？我們忙著替未來做準備，那「現在」到底在哪裡？

探討這答案之前，先分享個有名的歷史故事：

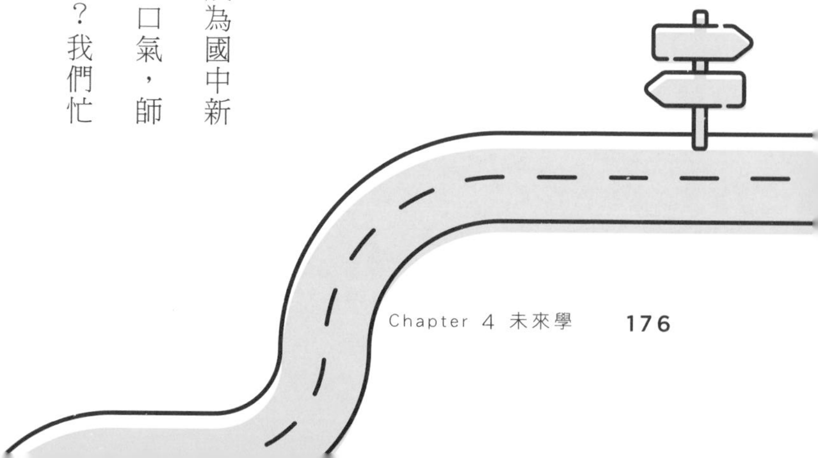

在第二次世界大戰時，美國軍方委託一位教授進行研究，針對轟炸機應該如何加強防護才能降低被擊落的機率。軍方將那些返回基地的轟炸機好好觀察統計，發現彈孔最多集中在機身，因此推論機身是最容易被擊中的區域，應該加強這些部位的防護措施。

聽起來滿合理的，對嗎？不過這位教授卻力排眾議，他說明這些數據來自生還倖存的轟炸機，也就是說即使被擊中機身仍然有機會平安返航，表示這些部位並非致命關鍵，一旦被擊中其他部位根本難以生還，那些沒被統計或沒被擊中的地方才是需要加強防護之處。

軍方決定採用教授的意見，後來證明這項看法是正確的，是現實生活中特別常見的認知謬誤之一。華人文化中有句諺語也有異曲同工之妙；俗話說：「死人不會說話」，意思就是死人無法發表任何意見，也無法替自己辯解只能任人評論。

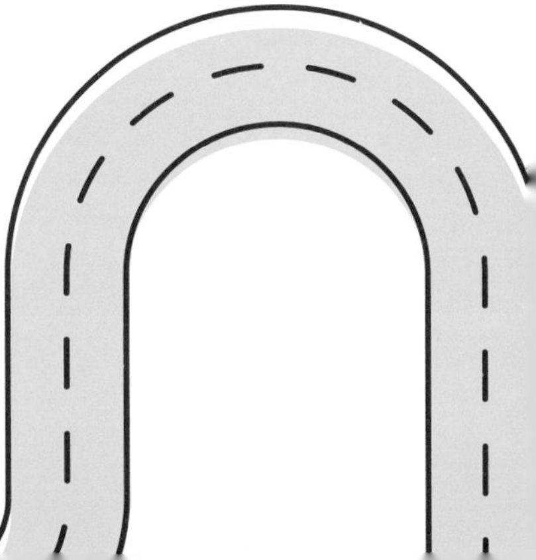

仔細想想，沒有人看過未來，卻很多人為此滔滔不絕發表高見，而那些人根據的正是「過去」的成功經驗。若再加上未來世界的變化速度，與過去的環境大不相同，那麼我們為什麼還要吸取別人的經驗呢？

在我們設法穿越時空之前，永遠只會有「過去的範本」。「未來學」這章節挑選的文章，正是想跟大家分享解讀過去的各種面向與可能性。舉例來說：現在有非常多小型或個人創業成功的報導，也許是團購主、直播主、咖啡店、火鍋店、知名插畫家等。在報導故事中發現創業門檻並不高，好好提供服務，加上網路熱評，自然就能獲得青睞，或許有人會多提醒幾句選擇店址的重要性，不過一切看起來似乎沒那麼難。

這些人的職業天差地別，不過比對他們的故事，你有看出什麼

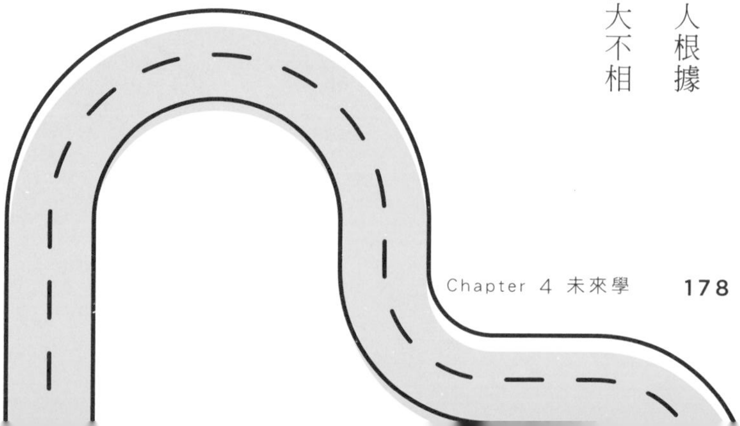

其他訊息嗎？

比如說：我發現當中有些人創業時，其實還有另一份收入，因此我會好奇這些成功者是否一開始都是斜槓創業，或是有積蓄不必煩惱資金，因而可以有更長的嘗試階段？更進一步推論：創業期間撐比較久，也比較容易累積客戶奠下基礎，這樣是否也提高成功機率？

《在他們成為世界知名作家之前》是一本描述作家成名前人生故事的圖文傳記，包括我們耳熟能詳的《哈利波特》作者J．K．羅琳、多個經典故事改編成電影的羅德．達爾，以及《湯姆歷險記》作者美國文豪馬克．吐溫等。

當我看完整本十位作者的故事驚訝的發現：他們沒有一個人是「學用合一」，不論他們之前受的教育為何，「作家」都不是他們立定的夢想，也並非最初從事的行業。這些流傳已久的經典作品，有些一開始甚至遭到出版社退稿。

再翻一遍他們的故事仔細咀嚼，我又發現另一個共通點：「學以致用」。他們認真感受自己經歷的每一件事，可能是一份被迫從事的工作，或者是一場戰爭災難，但不論喜樂苦難，都融入在後續的創作文字裡，我們可以讀到他們的情緒、省思和學習。

「學用合一」看似完美，早早定案的職業已經把空白的未來填上浮水印答案；「學以致用」是一種解讀＋學習力，你所經歷的事都是你的老師，未來還是一張空白的紙等你塗鴉探索。

以往人類進化的原因，是如何更有效率取得和運用資源，而現在科技的發明早已轉向，下一階段的進化動力來自如何減少消

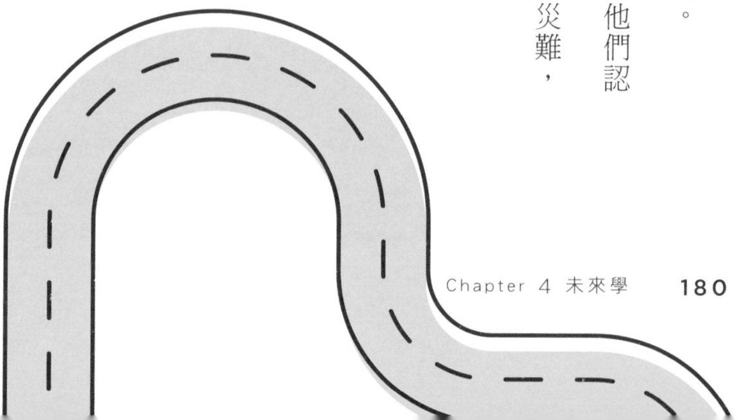

耗資源，面對匱乏永續發展。這一章「未來學」，正是嘗試著接受這樣的現實，然後解讀「過去」的各種範本、轉換「現在」發生的經驗，並且鼓勵你有意識的保持空白，才能期待未來無限的可能發生。

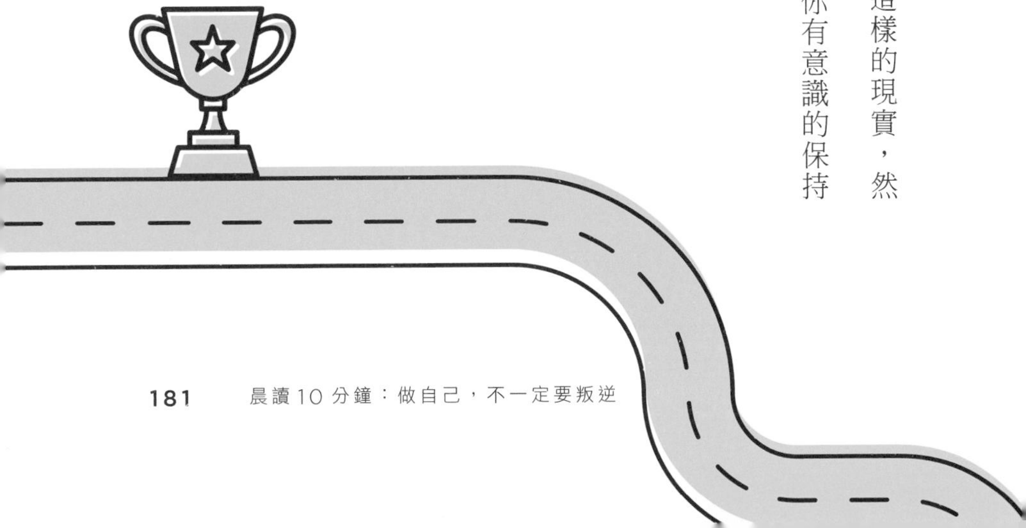

不知道的勇氣

文——宮能安

在上一話中學生向我提出的問題，當時在課堂中，我並沒有給出一個明確的答案，那樣的想法是我從來未想過的問題，我只回答他：「我大概明白你的意思，這個問題真的很有趣，但我無法回答你。」必須謝謝他，讓我開始這一連串的思辨，可惜我沒有辦法立刻和他分享我在書上所寫的這些，從他的提問到思辨、到寫書的今天，也花上了一段時間。

「我不知道」這句話，不知道有多少老師能夠在自己的課堂中輕易的說出來，在面對學生提出一個與自己領域相關卻不那麼確定答案的問題，我們是直接告訴學生：「我不知道。」還是被「老師」的身分框架挾持，讓自己當下回答出一個自己覺得勉強過關、學生卻完全聽信的答案？這只有老師們自己知道。

不過地理學家倒是很勇敢的暴露自己知道的有限。

「您的星球很美。有海嗎？」

「我沒法知道。」地理學家回答。

「啊，」小王子很失望，「那有山嗎？」

「我沒法知道。」地理學家回答。

「那麼，有城市、河和沙漠嗎？」

「我也不知道。」地理學家回答。

「但您是地理學家呀！」

多少時刻因為面子問題，多怕學生回你一句：「可是你是老師呀！」「可是你不是老師嗎？」

第三年教書的時候，因為課務安排，我得接手三個班級的音樂課程。這對我來說雖然不會太陌生，但也不算拿手的領域。在準備這每週三節的音樂課時，我更加謹慎，我知道課堂中一定有很多從小學音樂的孩子，他們比我更熟悉樂理和某些樂器的相關知識。課堂中的我曾向學生表示，我個人的專業領域在表演並非音樂，當然我有準備好能與他們分享的進度，但如果過程中我分享的內容有誤，希望有學過音樂的同學能夠提出來，跟我們分享。好在，我準備得還算妥當，還沒遇過「老師你講錯了！」的情況。

我覺得我的教學方法，受到大學的老師們不少影響，在求學生涯中對我影響甚大的老師，包含我的大學指導教授杜思慧老師，對她之所以印象深刻至今，除了她的教學方式有趣和跳躍性的思維，讓她的課堂中有很多驚喜外，不論在表演相關知識上，或在生活思維上，帶給我不少次的衝擊。

曾經在課堂中，她要求我們提出自己對於表演問題的想法，當下教室內的學生一片安靜，大家明顯的在等待老師給出一個答案。她突然朝我們大喊：「質疑我！不要再跟我說什麼你們全部都覺得是對的！挑戰我！」語畢後，全班更是一片靜默，這一次大家等的不是答案，而是等待眼前突如其來的震撼彈能在心中消化。「質疑老師？挑戰老師？」我們有聽錯嗎？那是我人生第一次遇到要求學生質疑自己的老師，跟我過往國小、國中、高中遇到不容許學生挑戰自己的老師反差相當的大。她把我們從一個被動接收者，轉變成一個主動出擊者，刺激我們有更多獨立思考的能力。

還記得在某一堂由她帶領的導演課堂中，下課前，有位同學向老師提出一個環境劇場導演上的相關問題，面對這個問題，她定格不知道多久，全班都在等她回答，眼看就要下課了，她竟然說：「你們讓我回去思考這個問題，我會再給你們答案。」

最後我在電子信箱收到她傳給全班的一封信，內容細節我已不記得，但當下我收到那封信時，最大的感受是，這個老師在面對學生的問題時，以她的實戰經驗，其實可以兩、三下就給出一個答案，並足以讓我們這些新手導演們信服，不論這個答案的準確度是否為百分之百，她都能了事下課，但她並沒有這麼做。我推測，也許當下她認知到自己面對的這群小孩是受著「老師說什麼就是什麼」的教育長大的，因此她更不能輕易的給出一個模糊的答案。假如她說出來的每一句話，都會被學生完全吸收，那麼她得好好的回去思量，該怎麼答覆眼前的問題。面對學生的提問，她是如此的謹慎，她並不害怕被學生質疑她的專業，實際上我們也並不因此懷疑她的專業，反而學到的比原本還要多。

那一位老師，那一個要求質疑她的大喊，那一個問題前的停頓，那一封謹慎的回信，教會我好多事情，影響我至今。後來當自己成了老師，看到學生們把自己當成神一般的信仰時，我終於體會我的老師當年的壓力，因為當自己說出什麼，學生都當成是對的時候，我們是否更該謹慎的問自己，在課堂中我們餵食了什麼給孩子？我們能不能像我的老師一樣的直接，像地理學家一樣的勇敢，去告訴我面前的小王子們：「我不知道，但讓我想一想再回答你們。」

本文選自宮能安《致無法拒絕長大的我們》，二〇二〇，時報出版

怡君老師的非典型思考時間

年輕人常常被抱怨沒有想法，老是把「不知道」掛嘴邊，但是說「不知道」真的是一種錯嗎？ 正是因為想釐清「不知道」，這篇文章剛好給了另一個視角。當別人問你有沒有想法、有沒有意見的時候，你的聳肩不知道代表什麼意思呢？ 是真的不知道，還是不想表示任何意見，或者只是對問題感到無聊，沉默就是一種無聲抗議？

長大後的大人們費盡力氣讓別人認為自己博學多聞，什麼事都要「略懂略懂」說上幾句，如這篇文章所言，承認「不知道」彷彿就是一種認輸，不僅沒面子也會讓別人懷疑自己的實力。

關鍵並不在於你到底知不知道，重點在於然後呢？

也許你在眾人面前不服輸，逞強假裝知道，但是私下開始找資料，若下次別人再問你，你就不會那麼心虛，那麼這個假裝知道，反而引領你探索一個新的領域；或者和文中老師一樣，發現自己不知道後也想弄懂，再跟大家分享你的新發現。

最令人感到惋惜的是「對自己無感」，不論外界與你怎麼互動、正向或負向的刺激都無法產生連鎖反應，這樣的「不知道」是一記警鐘，提醒你尋求幫助，重燃起對生命的好奇和熱情。

延伸提問與思考

Q1 怎樣才算「知道」？ 當有人跟你說「我知道」的時候，他提供的答案你滿意嗎？ 反之，當他說「不知道」的時候，是真的一無所知嗎？

Q2 你常說「不知道」嗎？ 你口中的「不知道」和文章裡的「不知道」有什麼不一樣的意義嗎？

Q3 在 Google 查到資訊之後，就代表「知道」了嗎？ 回想一下自己的搜尋過程，是否很快就停下來了呢？

人沒有夢想，就不偉大嗎？
《靈魂急轉彎》的三堂哲學課

文——郭芳彣

主流價值觀普遍認為，人一生大部分的時間，都在工作，所以最好找到一個符合人生志向的工作，才會感到快樂。

二〇二〇年末，皮克斯推出全新力作動畫《靈魂急轉彎》，在美國礙於疫情關係，即使無法上院線播映，僅在Disney+串流平臺上架，仍不減話題影響力，不僅獲得各大影評網站高分好評，也被視為有望奪下今年奧斯卡最佳動畫長片的作品。

在臺灣，《靈魂急轉彎》於去年耶誕節檔期上映時，就一舉拿下票房亞軍。隨著在社群平臺上好評不斷，話題持續發酵，根據國家電影中心統計，在元旦連假時，已成為二〇二一年首部全臺最賣座的電影。

能夠在電影上映後，持續靠口碑、話題發酵，拿下票房冠軍的關鍵，正是因為故事劇情顛覆了單純要大家勇敢追夢、尋找生命意義的窠臼，以更貼近成人的視角，帶領觀眾重新反思「生命」、「活著」、「志業」這件事。

故事圍繞在一個熱愛爵士樂的黑人鋼琴家Joe身上。Joe胸懷大志，卻總是懷才不遇，平常在中學擔任樂隊兼職教師的他，有一天終於得到轉成正職的機會，又碰上朋友引介，能和心目中的偶像——爵士女伶桃樂絲一起上臺演奏。眼看一切都如此美好，他卻在回家路上跌進路面坑洞中，受了重傷，昏迷不醒。

在昏迷的過程中，Joe的靈魂出竅，來到了「投胎先修班」。在這裡，每個靈魂都必須集滿五個人格特質，並找到心中的「火花所在」，才能投胎到人世。Joe在這裡遇見了「二十二號」，千年來，二十二號一直找不到生命的「火花」，無法集滿徽章，不但非常「厭世」，也一直無法從投胎先修班「畢業」。

陰錯陽差之下，Joe和二十二號一起墜落人間。二十二號跑進了Joe的身體，而Joe的靈魂則禁錮在一隻貓身上，開啟了一連串驚奇的冒險……

給大人世界的第一堂課：沒有夢想，就不偉大了嗎？

主流價值觀普遍認為，人一生大部分的時間，都在工作，所以最好找到一個符合人生志向的工作，才會感到快樂。

皮克斯在電影中，透過不同角色對此做出多元的詮釋：忠實於自我職志的爵士女伶桃樂絲、放棄夢想卻對目前生活很滿足的理髮師老戴、老是覺得懷才不遇的主角Joe、沒有偉大志向，卻能在生活中找到熱情的二十二號。

Joe認為，世界上最無憾的人生，就是發現天賦，並以此為夢想。但在《靈魂急轉彎》裡，有個關鍵角色，顛覆這項價值論述：那位總能帶給人正能量的理髮師好友老戴。

再次返回人間時，Joe意外得知老戴並非「生來就是要當理髮師」，礙於現實的經濟壓力，不得不放棄當獸醫的夢想。即便如此，老戴依舊對每天的理髮工作充滿熱情，對每個客人都帶著服務熱忱，自信的老戴，帶給了Joe很大的震撼。

老戴這個角色，顛覆了過往對「生命火花」的定義，你我身邊都有像老戴這樣的人，可能為了生活而放棄夢想，又或者是為追求溫飽，無暇思考夢想。雖然他們從來沒有圓夢，卻能享受當下，對生活感到滿足。

如果「火花」是夢想，那麼它的背後一定要是成就、職業，或者是遠大的抱負嗎？

「火花」可不可以只是生活的點點滴滴？

給大人世界的第二堂課：把喜歡的事當工作，一定會快樂嗎？

在《靈魂急轉彎》最後，Joe終於完成自己的夢想，在餐廳裡完成鋼琴演奏、一直反對他的母親，也在臺下為他喝彩，但他走出餐廳時，卻頓感失落。「我以為這一切會多麼……原來就只是這樣。」Joe說。

把喜歡的事當成工作，而且還完成夢想了，怎麼會如此空虛？女伶對他分享了一個發人省思的哲學故事：

有一天，小魚問一隻老魚：「海洋在哪裡？我要去找它！」

老魚：「海洋？你就在海洋當中了啊！」

小魚：「不！這不是海洋！這是水！」

老魚：「我們一直都在其中，沒有離開。」

「海洋」和「水」，意味著期待與認知的不同。主流的社會價值，對於成功的樣板有既定的印象，例如：擁有一份穩定的工作、三十五歲前當上小主管、有光鮮亮麗的頭銜或辦公室等。在汲汲營營追求這些指標時，這個小故事提醒觀眾，你正在追求的事情，是自己心目中的「大海」，還是別人期待的「大海」？會不會你其實早已身在其中，但卻渾然不覺？

給大人世界的第三堂課：

「火花」是活著的熱情，不是活著的目的

二十二號與 Joe 意外的再次回到人間，原本找不到火花的二十二號，透過這段人間旅程，似乎找到了自己的價值。長期以來，二十二號認為自己找不到火花，看待一切都覺得憤世嫉俗，意外墜入人間後，透過與人交談、感受落葉飄下的美好、初嚐披薩的滋味，這些不起眼的小事，點燃了她想活下去的動力。

從小覺得自己有爵士天賦，完全沉浸在爵士世界的 Joe，從二十二號身上，理解到人生的另一層意義：原來「擁有成功人生價值」，並不代表生命的全部，當他發現自己的好朋友理髮師，人生不以理髮為志業，卻也非常滿足、快樂；看到二十二號對生活的體驗，甚至是一片落葉就能成為快樂泉源，這時他才明白「火

花」的意義，是那些讓自己開心，卻不起眼的小事。

「火花」說明了並非一定要得到什麼成就，生命才是圓滿或具有意義。別為了達到目的，犧牲掉美好的日常；或為了尋找目標而迷失自己、否定自我價值。擁有真正的火花，是享受每一個當下、每一份悸動，以及對生活保持期待和熱情。因為生而為人，每一個生命的存在，就已經具有意義。

本文選自《Cheers快樂工作人》Web only，郭芳彣，二〇二一

怡君老師的非典型思考時間

無獨有偶，日本作家高部大問在《夢想勒索》書中探討類似的問題：「沒有夢想難道是一種錯誤、就代表愧對自己人生了嗎？」

身為專業招募人才的他，接觸過日本上萬名高中與大學生後發現，大人們未必真的希望孩子懷抱夢想，當孩子真正說出自己夢想時，經常被大人們認為夢想太不切實際而「打槍」；「夢想」現在變成一種為了督促孩子努力做好眼前的事（考試升學），而創造出來冠冕堂皇的「藉口」。大人們的確擔心沒有夢想就沒有目標，那麼年輕人怎麼提得起勁兒認真打拚呢？

看看臺灣目前的教育環境，國小時鼓勵接觸各種社團才藝，國中時開始安排職涯探索，高中時要做學習歷程決定發展方向，大學時期待產學合一、學以致用，一出校門就可以立刻順利進入企業完成「夢想」。

這樣比對下來，大人們口中的「夢想」似乎指的是「理想職業」而已，別擔心，屬於你的夢想還在路上！ 選擇這篇文章，希望能讓暫時沒有夢想的你不因此焦慮，專心的活在當下，感受每一天裡的「火花」，別再為了等待夢想降臨，錯過更多生命中值得你開心的事物。

延伸提問與思考

Q1 「夢想」、「目標」、「職業」這三個名詞對你來說有不同意義嗎？最大的差別在哪裡？

Q2 先不論是否有能力實現或別人的評價，你可以嘗試說出自己的夢想嗎？ 或者描繪出自己想過的生活？

Q3 你希望把夢想和職業結合或是分開？ 最近有另一種「斜槓人生」的想法，查查看是什麼意思之後再回答這個問題。

粗心的代價

文——吳若權

回想一下，當你還是學生時，寫完作業或試卷之後，會利用最後一點時間再三檢查，還是急著把艱苦的戰役提前拉到終點，立刻交卷？

某次大考結束的晚上，在餐廳聽到一對母子談話。乍聽語意，感覺兩人關係還算不錯。兒子神情沮喪的表示，本來數學應該全部都可以答對，但因為粗心大意而錯兩題。

母親顯然是個可以透過理智而努力壓抑情緒的熟女，愣一下之後，只能強裝微笑說出：「喔！」接著兒子主動認錯：「多錯兩題，至少會影響三、四個志願，掉到下面的學校。」

接著，這頓母子的晚餐，靜默好長一段時間，只剩下餐具偶爾碰接的清脆聲響。可以想像兒子心中必定十分懊惱，母親心疼之餘也感到難過。

為人父母「望子成龍，望女成鳳」的心態難免複雜，既是為孩子好，也是為自己面子掛得住。

類似的對話，或許經常出現在親子之間。

若是平日的隨堂小考、月考、段考，父母叮嚀「下次小心點！」就足堪訓誡，反倒是影響升學結果的大考，爸媽的反應十分為難——不論多講什麼，都無法改變考試的結果，只會傷害親子關係；但心中還是很想趁這個時間，來個機會教育，類似「你若是不會答題，還可以原諒，但是你明明會答題，卻因為粗心而犯錯，這就太可惜了」。

客觀而論，考試本來就不只是考實力，也考心思粗細、情緒管理，甚至考運氣。如同技術很好的資深駕駛上路，未必會比剛考上駕照的新手更安全，而是能否認真專注、小心翼翼、心平氣和、臨機應變等，與技術沒有直接關聯的因素，深深影響著結果。

所幸人生的道路很長，並非真的就「一試定終身」，讀哪所學校，該校的環境、資源、風氣，遇到的師生關係，固然會影響學習的結果，但更重要的是，學會面對這些現實的態度與反應。

一時的粗心，付出的代價很高；但若粗心一輩子，可就有吃不完的苦頭。除非粗心可以粗到「與世無爭」的地步，那就真的是「傻人有傻福」！

只要在江湖打滾過的上班族，都會知道粗心的代價很大。有些人因為弄錯數字或數錯鈔票，賠上一筆錢；有些人因為沒聽清楚長官交辦的事情，丟了前途大好的工作；有些人沒有看清身邊同事的個性，誤把小人當貴人，最後被陷害而悔不當初。

許多人都以為粗心是天性，但在我的觀察中發現：粗心與「自我情緒管理」有相當大的關聯性。

「自我情緒管理」比較好的人，容易處於冷靜的狀態，因為粗心大意而疏忽的機率，就大大降低。

「實力」，是一回事；「運氣」，是另一回事。但夾在「實力」與「運勢」之間，還有「自我情緒管理」的能力，既會影響「實力」的展現，也會影響「運氣」的流動，更是不可忽視。

我們通常以為「求快」與「求好」無法兩者兼具，但若能先掌握「自我情緒管理」，再加上「實力」，「求快」與「求好」是可以同時發生的，而且「好運」也會因此跟著來。

出自吳若權《人生每件事，都是取捨的練習》，二〇一六，遠流出版

怡君老師的非典型思考時間

作者舉例向讀者們說明，一旦粗心變成「行事風格」，很有可能某天會付出自己無法預料的代價，現在求學時的粗心只是掉分數，最多害到自己，長大後的粗心有可能連累他人。

看完這一篇，我猜你心裡可能會說：如果可以，誰不想要考得好？

的確如此，那麼粗心該怎麼調整呢？ 情緒控管的意思又是什麼？

我曾經和女兒認真檢討過「粗心」，分數的意義除了挑出自己不會的學科題目之外，也是一種「能力的總和」測試。測試什麼呢？

分辨哪些讀書建議有用，開放心胸採納建議，是執行力；自己有意識的做出一些行為改變，是自制力；先把昨天沒考好的感覺擺一邊不受影響，是受挫力；承擔對自己的期待或失望，是情緒管控能力；考試時掌握應答策略與時間，是臨場反應能力……。

有沒有很驚訝，看起來再簡單不過的考試測驗，遠比想像中的有學問！

若你的成績不錯，恭喜你，你比自己想像的還要厲害；若你仍然在分數中掙扎，老是失分在不該錯的地方，不妨重讀一次這篇文章，上面幾項能力說不定就是突破瓶頸的重要關鍵。

延伸提問與思考

Q1 歷史上有好多因為「粗心」而付出慘痛代價的戰役，查查「大意失荊州」的由來典故，分析一下輕敵大意的原因。

Q2 回顧自己過去粗心之處，你有針對那些問題想過如何改進嗎？

Q3 師長們給你的讀書建議，為什麼有些就是不想做？ 是做不到、沒有動力，或是根本不知道怎麼開始？

什麼樣的人生值得追求？可以「零落差」說清楚嗎？

文——褚士瑩

有些人以為自己的人生目標，是想要追求「健康」；有些人以為自己要的人生，是「趨吉避凶」的人生。但是這些應該都不是我們真正想追求的人生。

那麼，什麼樣的人生，才值得追求？

最近在一場叫做「為自己的人生提案」的哲學思考工作坊中，我就問了這個問題，請那些來參加的人說出他們心目中認為什麼樣的人生，才是值得追求的？

有人說是「自助助人」，有人要尋求快樂。有人希望人生是一場冒險，有人要的是健康……這些聽起來都很有道理，也是許多人追求的人生，但真的是這樣嗎？

首先，我請在場的人一起看著這些看起來很不錯的人生目標，找出生而為人、追求不到的。

第一個被挑出來的，是「健康」。

人生追求健康有什麼不切實際的呢？

「只要是人，根本沒有完全健康的啊！」有人說。

「亞健康」，夠不夠好？所謂的亞健康是一個相對來說比較新的醫學概念。

一九七〇年代末期，醫學界依據疾病譜的改變，將過去單純的生物醫學模式，發展為「生物、心理、社會」綜合考量的醫學模式。

當時世界衛生組織（WHO）定義「健康」就是「不僅僅是沒有疾病和身體虛

弱，而是身體、心理和社會適應的完滿狀態」，但這樣的人幾乎不存在。而亞健康的人，占了社會大多數，既不是真正健康（第一狀態），也沒有患病（第二狀態），身體有種種不適，但真的上醫院檢查的話，其實也不會發現有什麼病變。這種在健康和患病之間的過渡狀態，世界衛生組織稱其為「第三狀態」，也就是亞健康狀態。

強加自己的價值觀在別人身上

一個終身坐在輪椅上，無病無痛，帶著微笑在街頭靠販賣維生的街賣者，算不算是一個健康的人？一個人是否健康，究竟由自己的感受決定，還是由旁人決定？

我身邊有一個被醫生宣布癌細胞擴散到胃部百分之七十，但是拒絕進醫院進行化療手術的好朋友，他說他想要有尊嚴的待在家裡，跟癌細胞共處，度過生命最後或長或短的時間。

醫生跟身邊的親友不以為然的說：「你怎麼可以放棄？」他只是帶著微笑，堅定的回答：

「對很有可能會立刻殺死我、也必然奪走我生活自主能力的治療方法說不，就是放棄嗎？」

討論慢慢聚焦，我們看到了，與其盲目追求「健康」的人生，整天養生、吃補品、勉強自己運動、嚴格控制飲食、逼迫吃難吃的健康食品，並不一定會帶來健康，但是每個人都可以面對自己處於亞健康的狀態。真正值得追求的，其實是活在世界上的時候，擁有「生命自主」的權利。

用同樣的方法，我們慢慢的梳理出更多的脈絡。

比如想要「自助助人」者，與其隨意的「助人」，不如先學習透過邏輯思考來幫助自己。畢竟就像我常常提醒為人父母者，「通往地獄的道路，往往是善意的石頭鋪成的」。我們所謂的助人，其實大多時候都是想要將我們自己認同的價值觀，強加在別人身上。

並不知道今天會不會下雨，卻隨意的用「我是為你好」的理由，強迫孩子在大晴天帶傘、帶外套出門，為什麼是助人呢？

街友向你要一百元儲值手機，讓他可以接到雇主的電話，能夠順利工作，你會不會幫這個忙？

但如果他是要一百元買啤酒喝呢？誰說我們可以決定另外一個成年人，有沒有資格喝酒呢？我們會把自己偶爾想喝瓶冰涼的啤酒這件事，貼上不道德的標籤嗎？如果不會的話，為什麼我們卻認為街友這麼做是不值得幫助的？會不會是我們僵固的價值觀，逼迫別人不得不向我們說謊？

誠實和禮貌無法並存？

如果知道如何用邏輯思考，梳理清楚自己的雙重標準，就能夠幫助自己成為一個內外一致的人，而不會以為「貪婪」是壞事，「上進」是好事，卻不知道兩者的本質根本是一樣的，不過是用「正面表述」或是「負面表述」的文字遊戲而已。

我在緬甸進行賑災工作時，也遇到過堅持物資只能「供僧」的佛教團體，而不是給真正需要的災民，理由是佛經當中告訴他們，供僧的功德是九倍功德，也就是集點點數大放送的意思。這是助人，還是自助？這是善心，還是貪婪？

學會用邏輯想清楚了現實的困境，就可以幫助自己一一做出決定，究竟我們想要誠實，還是要有禮貌。因為有禮貌的本質就是「說謊」，誠實跟有禮貌是不可能同時並存的。自己想清楚之後，就不會一下子要求孩子要誠實，但是看到很胖很醜地位卻很高的人要有禮貌。

邏輯一致，就是對自己、對別人最大的幫助。

如果會思考，就會發現與其追求「冒險」的人生，還不如追求「勇敢」。而真正的勇敢，就是會思考，並且對自己誠實。

用誠實思考的結果，連結誠實的行動，是勇敢的。

保持彈性的思考，不去捍衛自己的觀點、社會價值觀、宗教信念，是勇敢的。

即使思考後決定不行動，也是一種勇敢的行動。

會思考，就不會盲目的追求「快樂」，因為快樂並不存在，快樂只是一種「自我感覺良好」，說好聽一些就是「知足」，是兩段漫長的痛苦消失時、稍縱即逝的短暫狀態。

快樂不可觸及，無可預期，稍縱即逝，想要永遠快樂的人，是全宇宙最貪心的人。任何不如意，都可能讓我們變得不快樂，所以還不如保持「自我覺察」的能力，能夠用中性的角度看到每一個當下、每一個概念背後並存的優點和缺點，並且用中性的態度來面對，像是知道貪婪也有很多好處，上進也有很多壞處。

如果我告訴你世間有一種東西，可以幫助我們成長，可以讓我們修正，可以教會我們珍惜，你想不想要？

那個好東西，叫做「禍」。

我們努力逃避的「禍」當然有很多好處，而我們刻意追求的「福」，其實也有很多意想不到的壞處。

與其執著於找到「天命」，不如找到生命中我們願意為它受苦的「熱情」。

你對於自己的人生，會如何提案？

作業練習

你認為什麼樣的人生，才值得追求？

本文選自褚士瑩《看見自己說的話：9堂雙向思考練習，解鎖你的對話力》，二〇二一，大田

怡君老師的非典型思考時間

關於人生，我想跟你分享的是……

現在你認識的每一位大人，都沒有能力給你答案，若有人想給你一份地圖讓你「探索」，你也必須很小心使用，因為地圖本身就是一種答案、一種框架。「什麼樣的人生值得追求？」類似像這種看似哲學的重要問題，重要的都不是答案，而是邀請你對自己提出更多問題，比如說：

——要用什麼標準衡量值不值得？

——人生是拿來追求的嗎？

——該怎麼知道自己想要什麼？

這些提問剛開始也不會有具體答案，不過卻能協助你發展出一張專屬自己的地圖，接下來你生活中每分每秒的經歷，都不再毫無意義，而是成為你的檔案資料庫，當你不斷思索這些問題的時候，腦袋就會自動運作遞給你小抄，讓你成為能與自己對話、聽到「心」的聲音的那種人。

想聽到自己心裡的聲音，需要不斷藉由提問邀請，當你有能力自我對話，不論你追求什麼，都是人生的主人，而非在人生後面追趕的小狗了。

延伸提問與思考

Q1 想想自己最常掛在嘴邊的名詞，例如：自由、快樂、有錢……。運用文章中的檢視方法，這些名詞背後有其他意義嗎？我們受了誰的影響而覺得這些是好的人生呢？

Q2 作者提到「正面表述」和「負面表述」的概念，生活中有類似的案例嗎？歸納自己經驗，根據什麼原則選擇正面或負面表述呢？

Q3 有句老話「失敗為成功之母」，聽起來像是作者最後所說帶來好處的「禍」，那麼帶來壞處的「福」，想想可能是什麼？

面對有限的選擇

文——陳志恆

昨天，你被朋友臭罵了一頓。

因為你太常遲到了，每次與你有約，都要等你很久。你說你很委屈，只不過是出門前，在衣櫥前猶豫許久，不知道挑哪一套衣服穿，難怪朋友說你有「選擇障礙」。

做決定，本來就不是一件容易的事。小從決定午餐要吃什麼，大到升學選擇、婚配對象，都十分傷神。有些決定做錯了，無傷大雅；有些決定則事關重大，做錯決定可是得付出慘痛代價。

但即使是小小的決定，也都足以讓人煩惱半天。小時候，常聽母親抱怨說：「我每天為了張羅你們三餐要吃什麼，就夠傷腦筋了！」想想，每天上市場，要採買哪些食材，要烹調些什麼料理，先生、孩子才會捧場，又不失健康，光思考這些，腦細胞不知道死了多少。

所以，我可以理解，你在衣櫥前的難以抉擇，畢竟正值青春年華，出門就要給人好印象。

你的抉擇卡在哪裡？

說到做選擇，人們為什麼常會出現選擇上的困難呢？當涉及了以下三種衝突情境時，人們就會舉棋不定了。

第一、我都想要，又稱「雙趨衝突」。

好幾件衣服都好喜歡，該穿哪一件出門好呢？幾家早餐店的網評都很高，該先嘗試哪一家呢？當魚與熊掌不可兼得時，就會陷入雙趨衝突中。這通常會發生在選項較多，而每個選項都十分誘人，又必須取捨時。

第二、我都不要，又稱「雙避衝突」。

衣櫥裡的衣服，都是又醜又舊，不知道穿哪件好？早餐吃來吃去都是那幾家，怎麼選擇？當必須要在幾個令人厭煩的選項中，挑選其一時，就會出現雙避衝突。每逢選舉，常會聽到有人說，每個候選人都一樣爛，只能挑一個比較不爛的了，這就是處於雙避衝突的抉擇狀態中。

第三、要也不是，不要也不是，又稱「趨避衝突」。

生活中的選項，常常沒有絕對的好壞，而是混雜著利與弊。當利多於弊，你會對它點頭說是；當弊多於利，你則會搖頭拒絕它。不過，當利弊相當時，便難以抉擇。例如：大家說好這次活動要穿班服，但你的班服洗到褪色又縮水，穿起來實在不好看；若不穿，可能會被異樣相待，穿還是不穿呢？

像是上次，你的報告來不及完成，你想去和任課老師求情，再多寬限一點時間，你陷入一番掙扎。若去找老師求情，或許可以爭取晚點再交，但卻要冒著被責罵的風險；若不這麼做，肯定是交不出來，很可能大大影響學期成績。

能力與資源決定了選項多寡

其實，對大部分的人來說，當選項很多，而不知道選擇哪個好時，雖然有些苦惱，但卻是幸福的。因為，你只是在找尋一個令你最為滿意的選項，而不是沒得選。

然後，很多時候，我們的選擇其實很有限。

例如：當Covid-19疫情拉警報時，為了避免病毒擴散，人們必須待在家裡，減少外出。當你無聊想找點樂子時，少了外出這個選項，只能宅在家與家人對望，真是悶壞了。

分組時，你會選擇哪些人作為組員呢？如果你的人緣好，自然有很多選擇；去邀請那些能力強、負責任的同學同組，他們一定也很樂意。

然而，如果你的人際關係差，平時報告表現也不出色，你能選擇的組員就有限，甚至，你只能「被選擇」。

所以，一個人擁有的選擇多或少，常常取決於他本身的資源或能力。資源越多，能力越強，往往就會有比較多的機會，可供選擇。相對的，資源不足、能力較弱，你的機會也會較少，於是選擇有限，或只能被迫安排。

如何增加人生的選項？

一個人的痛苦，常常來自於選擇有限，或者沒有選擇。

從小，我就立志要當老師。完成學業後，我順利的考進公立學校成為正式教師；不到十年的光景，我辭掉教職，成為一位自由工作者，每天忙得不亦樂乎。

我常到各校去演講，每當談起這段轉職歷程，常會聽到老師們用羨慕的口吻說：「真好！我也想當個自由工作者，不要繼續在學校裡受學生的氣！」

我可以理解他們的心情，這年頭老師真的不好當。接著他們會說：「可惜，我們沒得選！不像你，會演講又能寫作，還有心理師的專業證照，如果不當老師，我還真不知道可以做什麼。」

我常想，為什麼我可以成功轉職，離開穩定教職也過得很好？

除了勇於挑戰之外，我比其他人擁有更多的專長，因而有了現況之外的其他選項。於是，當我不滿現狀時，可以選擇轉換跑道，而不是在食之無味、棄之可惜的處境中，進退兩難。

換句話說，如果你能為人生增加更多的選項，你將有更多的空間與自由度，去過著你理想中的生活。然而，要如何增加人生的選項呢？

答案是，擁有更多的資源、能力與條件。問題是，你又不是含著金湯匙出生，沒有雄厚的家世背景，更不是天賦異稟的強人，怎麼辦？唯一的途徑，就是加倍努力，厚植自身實力，累積自己的資源與名聲，你會發現，面對未來的難題時，你會比別人有更多的選擇。

你常抱怨，父母管很多，不准你做這個，也不准你做那個。但是，當你慢慢長大後，很多事情，就可以自己做決定了。為什麼？因為隨著年紀增長，你的能力變強，也越來越值得信任，相對的，也必須自己承擔更多責任。

你總抱怨，中學生活乏味無趣，不是讀書就是考試。當你升上大學，你在校園生活中的選擇就會變多，光是學習活動，就有本系、外系以及跨校的課程可以修，更別說各種校內外社團活動或人際互動。

這就是為什麼，大人總要孩子們努力讀書，力爭上游。因為，爬得越高有的資源也越多，便能為人生創造更多可能性。雖然這觀念感覺很市儈，但是不爭的事實。

看似選擇有限，仍能創造無限可能

當然，很多時候，你還是會遇到選擇有限，或根本沒得選的時候。例如：過去我在高中職當輔導老師時，有許多學生的煩惱，是發現自己選錯類科或讀錯學校了。當初滿心期待進來這裡，沒想到是誤會一場。撐了一個學期，原來不適合、不喜歡，怎麼辦？

通常，只有兩個選擇：第一、留下來、繼續念；第二、轉換跑道、另起爐灶。除此之外，很難想出第三條路。

以前者而言，已經痛苦一學期了，還要繼續痛苦三年嗎？如果選擇後者，可能要面臨重考、重讀、晚別人一年、重新適應環境等代價。怎麼想，都是左右為難。很多學生會問我：「該怎麼抉擇？」

其實，我也不知道。在你真正做出決定之前，沒人能夠預知得了。你得自己做決定，同時承擔相對的責任。然而，我們常常以為選擇有限，事實上，在有限選擇中，仍然存在著無限可能。

例如：我遇過很多老師，在從事教職多年後，熱情不再，但又沒勇氣轉換跑道。於是，他們開始思考，可以在這樣的環境裡，做些什麼改變，讓自己每天充滿熱情的工作。

有些老師，花錢去進修；有些老師，找志同道合的伙伴組成教師社群。他們開始嘗試新的教學方法，投入教學創新，甚至，成為其他老師的楷模。這便是在有限選擇中，創造無限可能。

說了這麼多，你決定好，要穿哪一套衣服出門了嗎？
這次，要不要試試看混搭，也算是在有限選擇中，創造新的可能吧！

本文選自陳志恆《你怎麼沒愛上你自己》，
二〇二一，謳馨事業

怡君老師的非典型思考時間

根據新聞報導，全世界彩券頭獎得主裡，有許多人晚年淒涼甚至流落街頭；這讓人百思不得其解，明明錢多到花不完，想完成什麼夢想都可以，為什麼還會這樣？「無限」未必帶來你想像中的富足快樂，「有限」也似乎不完全是壞事。

雖然我們常說未來發展不可預期，但有一件事是可以確定的：資源會越來越少，或集中在某些族群手上；先不論公平正義與否，成年後就必須馬上面對這殘酷的事實。

很多人早早就困在這樣的情境裡，因為自己沒有選擇感到憤怒，開始不斷批評抗議，覺得這社會不公不義，把所有力氣都放在抱怨，隨著時間自己原本的優勢也消逝殆盡，選擇權更少、更憤怒，落入負面循環裡。

當你對現況感到無力失望，不妨問自己：讓自己開心的元素是什麼？試著將這些想法在自己生活裡實踐，相信就有機會看到無限可能。除此之外，有另一把更大膽的鑰匙也可以試試：開創全新領域和遊戲規則，就有無限多種選擇等著你。舉例而言：第一臺五星級米其林餐車、第一個做線上教學的平臺、第一個搞連鎖加盟的企業……。這些你習以為常的生活，當時都是一種創新，別把你的能量放錯地方去看自己沒有的，而是去看「現在大家還沒有什麼」，由你來創造！

延伸提問與思考

Q1 目前生活中，你覺得自己最缺乏哪些資源？例如：金錢、時間……這些資源有造成實際影響嗎？還是只是因為比較產生的抱怨？

Q2 若一個人永遠不死，擁有無限的生命，你覺得好嗎？為什麼？重新思考「有限」，除了可能帶來匱乏還有別的意義嗎？

Q3 「有限」的概念帶來「選擇」，想做選擇就必須「排序」。想想看自己生活中，什麼是你覺得最重要的事，為什麼這樣認為呢？是別人告訴你的，還是自己也這麼想呢？

企劃緣起

成長與學習必備的元氣晨讀

源於日本的晨讀活動

一九八八年，大塚笑子是個日本普通高職的體育老師。在她擔任導師時，看到一群在學習中遇到挫折、失去學習動機的高職生，每天在學校散漫恍神、勉強度日，快畢業時，才發現自己沒有一技之長。出外求職填履歷表，「興趣」和「專長」欄只能一片空白。許多焦慮的高三畢業生回頭向老師求助，大塚笑子鼓勵他們，可以填寫「閱讀」和「運動」兩項興趣。因為有運動習慣的人，讓人覺得開朗、健康、有毅力；有閱讀習慣的人，就代表有終身學習的能力。

但學生們還是很困擾，因為他們根本沒有什麼值得記憶的美好閱讀經驗，深怕面試的老闆細問：那你喜歡讀什麼書啊？大塚老師於是決定，在高職班上推動晨讀。概念和做法都很簡單：每天早上十分鐘，持續一週不間斷，讓學生讀自己喜歡的書。一開始，為了吸引學生，她會找劇團朋友朗讀名家作品，每週一次介紹好的文學作家故事，引領學生逐漸進入閱讀的桃花源。

沒想到不間斷的晨讀發揮了神奇的效果：散漫喧鬧的學生安靜了下來，他們上課比以前更容易專心，考試的成績也大幅提升了。這樣的晨讀運動透過大塚老師的熱情，一傳十、十傳百，最後全日本有兩萬五千所學校全面推行。其後統計發現，日本中小學生平均閱讀的課外書本數逐年增加，各方一致歸功於大塚老師和「晨讀十分鐘」運動。

臺灣吹起晨讀風

二〇〇七年，《親子天下》出版了《晨讀10分鐘》一書，書中分享了韓國推動晨讀運動的高效果，以及七十八種晨讀推動策略。同一時間，天下雜誌國際閱讀論壇也邀請了大塚老師來臺灣演講、分享經驗，獲得極大的迴響。

受到晨讀運動感染的我，一廂情願的想到兒子的學校帶晨讀。選擇素材的過程中，卻發現適合十分鐘閱讀的文本並不好找。面對年紀越大的少年讀者，好文本的找尋越加困難。對於剛開始進入晨讀，沒有長篇閱讀習慣的學生，的確需要一些短篇的散文或故事，讓少年讀者每一天閱讀都有盡興的成就感。而且這些短篇文字絕不能像教科書般無聊，也不能總是停留在淺薄的報紙新聞，才能讓這些新手讀者像上癮般養成習慣。如果幸運的遇到熱愛閱讀的老師和家長，一些有足夠深度的文本還能引起師生、親子之間，餘韻猶存的討論。

我的晨讀媽媽計畫並沒有成功，但這樣的經驗激發出【晨讀10分鐘】系列的企畫。在當今升學壓力下，許多中學生每天早上到學校，迎接他的是考不完的測驗卷。我們希望用晨讀打破中學早晨窒悶的考試氛圍。每日定時定量的閱讀，不僅是要讓學習力加分，更重要的是讓心靈茁壯、成長。在學校，晨讀就像在吃「學習的早餐」，為一天的學習熱身醒腦；在家裡，不一定是早晨，任何時段，每天不間斷、固定的家庭閱讀時間，也會為全家累積生命中最豐美的回憶。

第一個專為晨讀活動設計的系列

帶著這樣的心願，二〇一〇年，我們開創了【晨讀10分鐘】系列，邀請知名的作家、選編人，如：張曼娟、廖玉蕙、王文華等，為少年兒童讀者編選類型多元、有益有趣的好文章，陸續推出：《成長故事集》、《親情故事集》和《人物故事集》等十餘本好書，裡面的人物故事不止雋永易讀，他們的成長過程，亦十分適合作為少年讀者的學習典範。

二〇一九年，因應一〇八課綱上路，【晨讀10分鐘】關心的觸角亦從個人拓展至社會、國際，開始企劃與時下議題密切相關的主題，如：國際NGO工作者褚士瑩選編的《世界和你想的不一樣》、臺灣最大的科學社群PanSci泛科學選編的《科學和你想的不一樣》，以及帶領讀者思考全球永續發展議題的《未來世界我改變》與培養數位公民素養力的《未來媒體我看見》等書，提供讀者不同領域、類型的文本，也為孩子儲備面對多元未來的能力。

同時，【晨讀10分鐘】也與閱讀素養先鋒推手黃國珍及其帶領的團隊品學堂合作，開始有系統的為本系列書籍量身設計《閱讀素養題本》，用意不在於測試孩子讀懂多少，而是要用系統化的方式，帶領孩子理解文本，並融合自身經驗深入探究，才能真正達到吸收內化的目的。

推動晨讀的願景

在日本掀起晨讀奇蹟的大塚老師，在臺灣演講時分享：「對我來說，不管學生在哪個人生階段……，我都希望他們可以透過閱讀，讓心靈得到成長，不管遇到什麼情況，都能勇往直前，這就是我的晨讀運動，我的最終理想。」

這也是【晨讀10分鐘】這個系列出版的最終心願。

[中學生]晨讀10分鐘
做自己，不一定要叛逆

選編人｜羅怡君
作　者｜明星煌、宮能安、褚士瑩等
繪　者｜Johnnp

責任編輯｜李幼婷
校對協力｜魏秋綢
封面設計｜丘山、黃育蘋
內頁排版設計｜王瑋薇、旭豐數位排版
行銷企劃｜葉怡伶、陳詩茵

天下雜誌群創辦人｜殷允芃
董事長兼執行長｜何琦瑜
媒體暨產品事業群
總經理｜游玉雪
副總經理｜林彥傑
總編輯｜林欣靜
行銷總監｜林育菁
副總監｜李幼婷
版權主任｜何晨瑋、黃微真

出版者｜親子天下股份有限公司
地址｜臺北市104建國北路一段96號4樓
電話｜（02）2509-2800　傳真｜（02）2509-2462
網址｜www.parenting.com.tw
讀者服務專線｜（02）2662-0332　週一～週五：09:00~17:30
讀者服務傳真｜（02）2662-6048
客服信箱｜parenting@cw.com.tw
法律顧問｜台英國際商務法律事務所・羅明通律師
製版印刷｜中原造像股份有限公司
總經銷｜大和圖書有限公司 電話：（02）8990-2588

出版日期｜2022年5月第一版第一次印行
　　　　　2024年7月第一版第六次印行
定價｜399元
書號｜BKKCI029P
ISBN｜978-626-305-215-4

訂購服務
親子天下 Shopping｜shopping.parenting.com.tw
海外・大量訂購｜parenting@cw.com.tw
書香花園｜台北市建國北路二段6巷11號　電話（02）2506-1635
劃撥帳號｜50331356

立即購買 >
親子天下 Education・Parenting Family Lifestyle
親子天下 Shopping
親子天下 有聲故事書

國家圖書館出版品預行編目資料

晨讀10分鐘：做自己，不一定要叛逆/明星煌, 宮能安, 褚士瑩等作；羅怡君選編. -- 第一版. -- 臺北市：親子天下股份有限公司, 2022.05
232面；14.8 X 21公分. -- (晨讀10分鐘系列；45)

ISBN 978-626-305-215-4(平裝)
1.CST: 修身 2.CST: 青少年
192.13　　111004648

親子天下 × 品學堂

晨讀10分鐘［中學生］

做自己，不一定要叛逆

品學堂 提問設計

與 PISA 及國際閱讀素養接軌，
打造閱讀理解力，迎向 108 課綱核心素養

我們都在提問中思考，在答案裡學習

大海的另一端是什麼？星光距離我們多遠？為什麼月亮會有圓缺的變化？人類對這世界好奇所開展的探究與理解歷程，讓人類逐步認識自己生活的世界，同時也開展對自身的了解，並且成就人類的文明發展。

認識世界的過程是段漫長的歷史，人類對世界萬象的解釋，從充滿眾神間恩怨情仇的神話，發展到以神的話語為主，作為知識威權與生活教條的宗教年代，再到相信理性所建構的知識，能解決人類問題的啟蒙時代。這過程中的好奇或質疑，勇於求知的精神，將人類心靈從原始的狀態中逐步解放出來。

客觀來說，人類文明之所以能開展，其原因並非因為我們擁有答案。關鍵是找到答案背後，發現問題、解決問題的能力。因此，108課綱才將「發現問題、解決問題的終身學習者」，作為具有素養的學生表現。

談到學習，我們在一般認知上看待「學習」，著眼於認識新事物，增加新知識。但是在越來越多真實的生活情境中發現，學習並不是純然了解未曾認知的新事物，更多是需要「更新自己以為知道的事」，這觀念在當前這時代更顯重要。但檢核自己的學習與認知是否正確或已有更新，最主要的方式還是透過評測作答的結果來判斷。也因此，

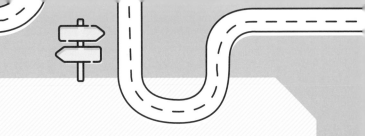

文／品學堂創辦人、《閱讀理解》學習誌總編輯　**黃國珍**

全球的教育興起了巨大變革，評測也從單純檢視學生是否記得老師講的內容，演變到鑑別學生是否具備能自主學習的能力與素養。即使面對沒看過的內容、老師沒有講解過的問題，學生依舊能透過正確的理解，使用知識與經驗，解決未曾面對過的問題。這是人類文明開展的原因，是面對未來應該要具備的能力。

根據 PISA（Programme for International Student Assessment）國際學生能力評量計劃中閱讀素養的指標，閱讀素養不再僅指學校所習得的語文能力。而是更進一步應用於個人在各類生活情境中，與人互動和參與社會，所建構出一種可增長知識、技能及策略的能力。換句話說，新課綱對閱讀能力的要求，從過去「單向」的閱讀理解：學生是否有能力進行流暢的閱讀，能否明白詞彙用法和進行書寫，近一步要求「全方位」的閱讀應用。除一般語文理解外，還需能夠反思閱讀內容、建構上層意義，並對閱讀內容或形式進行批判與省思。要符合國際如此高標準的閱讀要求，除了廣泛閱讀之外，更需要提供有效培養合於指標的思考與回答的練習，這也是親子天下《晨讀 10 分鐘》系列委請品學堂設計題本的目的。讓孩子在探究與思考的閱讀過程中，將未知轉為已知，讓問題擁有答案。期待這套書能陪伴您與孩子一起走向未來。

不良品的意義：發現別人尚未得知的寶藏

問題一〔統整解釋〕

(　　) 本文以「不良品」、「醜蔬果」的例子說明什麼樣的社會風氣？

❶ 混淆成敗，顛倒是非
❷ 鼓勵成功，接納失敗
❸ 尊崇成功，貶抑失敗
❹ 無視成敗，注重過程

問題二〔統整解釋〕

(　　) 請問「不黏的膠」成功的關鍵為何？

❶ 創造大量的市場需求
❷ 找到合適的應用方式
❸ 掌握各地的風俗民情
❹ 結合最新的科學技術

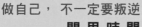

問題三 〔擷取訊息〕

(　　) 請問 Lululemon 的創辦人認為，應該將哪兩件事情脫鉤，才能吸收別人無法提供的經驗？

❶ 失敗與自我
❷ 自我與他人
❸ 成功與失敗
❹ 成功與他人

問題四 〔統整解釋〕

(　　) 文中 3M 和 Lululemon 的兩個案例有何共通點？

❶ 皆反映一時失敗不代表一切
❷ 皆隱含對於成功人士的批判
❸ 皆突顯成功對於事業的阻礙
❹ 皆指出失敗會使人失去理念

問題五 〔統整解釋〕

(　　) 作者提及「國際失敗日」與「錯誤節」的目的為何？

❶ 解釋貧富差距擴大的原因
❷ 說明成功的定義因時而異
❸ 呈現不斷失敗的潛在風險
❹ 舉出改善社會風氣的方法

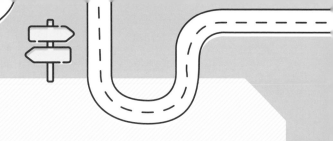

關於自信這件事

問題一〔擷取訊息〕

（　）作者於文內提到「所有人一開始本來就都是玻璃心的」，這麼說的原因是什麼？

❶ 自我價值的建構是從無到有的過程
❷ 自我效能感是根據人際互動來衡量
❸ 適時拒絕別人的勇氣是需要培養的
❹ 自我效能感需要後天進行學習累積

問題二〔統整解釋〕

（　）根據本文，下述對於自我價值感和自我效能感的敘述何者正確？

❶ 前者只增不減，後者可增可減
❷ 前者與目標有關，後者與動機有關
❸ 前者高來自於個人自信，後者高來自於學校教育
❹ 前者高有助於人際互動，後者高有助於面對挑戰

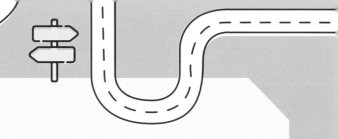

問題三 〔統整解釋〕

(　　) 根據本文敘述，請問父母用以下哪種方式可以培養孩子的自我效能感？

❶ 當孩子按掉鬧鐘後，不去叫他起床
❷ 每星期保留幾天與孩子一起吃晚餐
❸ 假期時安排全家人的國外旅遊活動
❹ 請孩子遵守每天使用 3C 產品的時間

問題四 〔統整解釋〕

(　　) 請問文章中為什麼要提到「沒有方向盤的汽車」？

❶ 指出擁有自信的重要性
❷ 指出賞罰分明的重要性
❸ 指出學習目標的重要性
❹ 指出學習方法的重要性

問題五 〔統整解釋〕

(　　) 請問作者較不可能支持哪種教育方式？

❶ 因材施教　❷ 有教無類
❸ 五育並重　❹ 專才教育

不能信任沒有失敗過的人

問題一 〔擷取訊息〕

（　）請問使作者決心離開大塊文化的關鍵動機為何？

❶ 提升己身事業上的自主性
❷ 驗證諮商師的話是否可信
❸ 回報老朋友多年來的交情
❹ 藉由勇敢的行為鼓勵他人

問題二 〔擷取訊息〕

（　）根據本文，作者自認晴天未能創業成功的原因為何？

❶ 財務管理欠佳
❷ 夥伴心生嫌隙
❸ 理念屢遭批評
❹ 報名獎項未果

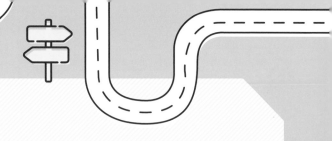

問題三 〔統整解釋〕

(　　) 作者認為在晴天建立的情誼，有什麼特別之處？

❶ 友誼維持的時間很長久
❷ 打破公私領域間的界線
❸ 不帶有世俗的功利考量
❹ 未有過任何形式的爭吵

問題四 〔統整解釋〕

(　　) 作者在倒數第 3 段所說的「決定」為何？

❶ 離開出版業，轉換跑道
❷ 跳脫舒適圈，自行創業
❸ 走上回頭路，重啟晴天
❹ 申請金鼎獎，爭取補助

問題五 〔統整解釋〕

(　　) 作者引用巨思文化社長的話，說明了什麼道理？

❶ 在失敗後記取經驗最可貴
❷ 失敗能使人洞察人情冷暖
❸ 突如其來的失敗難以預防
❹ 失敗過的人才能惺惺相惜

在輸得起的年紀全力奔跑

問題一〔統整解釋〕

（　）根據本文，作者認為「全力以赴」和「盡力而為」的差別是什麼？

❶ 是否在過程中感到辛苦
❷ 是否能夠獲得他人肯定
❸ 是否僅努力到讓自己安心
❹ 是否能達成未完成的目標

問題二〔省思評鑑〕

（　）作者透過什麼方式，說明「全力以赴」和「盡力而為」的不同？

❶ 講述寓言故事，以象徵法呈現兩種態度的不同
❷ 轉述他人經歷，說明兩種態度形成的人生差異
❸ 引用學者研究，說明兩種態度造就不同的成就
❹ 舉出生活案例，對比兩種態度處理事情的差異

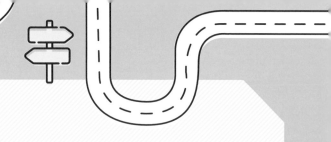

問題三 〔統整解釋〕

(　　) 作者試圖透過自己的親身經歷，說明什麼事情？

❶ 全力以赴是達成夢想的關鍵
❷ 無法強求的事盡力而為就好
❸ 只要努力過即使失敗也甘願
❹ 過於勉強自己反而容易失敗

問題四 〔統整解釋〕

(　　) 作者認為一個人能全力以赴的關鍵是什麼？

❶ 豐富的人生閱歷
❷ 失敗受挫的經驗
❸ 相信自己的勇氣
❹ 來自家庭的支援

面對自己
永遠不夠厲害的現實

問題一 〔統整解釋〕

（　）請問柯采岑想透過這場演講的內容達成什麼事？

❶ 幫助學生度過畢業後的迷惘
❷ 教導聽講的人完成畢業門檻
❸ 呼籲校方重視校園權利問題
❹ 藉機宣揚自己的成就與名氣

問題二 〔統整解釋〕

（　）為什麼柯采岑會說：「『我不會』其實是一份禮物」？

❶ 新鮮人更容易獲得原諒　❷ 團體中有各種技能互補
❸ 代表自己遇到學習機會　❹ 純真是難能可貴的特質

問題三 〔擷取訊息〕

（　）請問柯采岑建議畢業生如何尋找職涯方向？

❶ 在學時嘗試各種打工　❷ 找到真正想捍衛的事
❸ 建立良好的人際關係　❹ 要認清自己不夠厲害

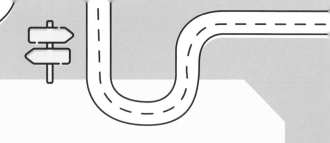

問題四 〔統整解釋〕

(　　) 柯采岑在法國的留學經驗，為她帶來什麼幫助？

❶ 確定自己想從事哪方面的工作
❷ 體認人際關係對工作的重要性
❸ 確信自己可以取得成名的機會
❹ 明白應該找到自己想捍衛的事

問題五 〔擷取訊息〕

(　　) 面對殘酷的社會，講者認為應該如何與他人互動？

❶ 期許眾人不要濫用權力
❷ 懂得知足、感恩與回饋
❸ 給予他人階段成長的時間
❹ 叮嚀其他人要為個人負責

問題六 〔統整解釋〕

(　　) 請問講者用什麼方式增加其演講說服力？

❶ 與國外的案例進行對比
❷ 引用統計數據佐證論點
❸ 大量分享自己實際經驗
❹ 提出不同立場顛覆專業

跟沒有借東西

問題一 〔統整解釋〕

（　）火星爺爺試圖透過演講開頭的火車問題，提醒大家思考什麼事情？

❶ 如何運用現有的資源
❷ 如何接受自己的不同
❸ 如何與他人做出差異
❹ 如何仿效他人的優點

問題二 〔統整解釋〕

（　）火星爺爺認為人處於不虞匱乏的生活，可能發生什麼事情？

❶ 缺乏承受失敗的能力
❷ 產生過多的物質欲望
❸ 失去精進自我的機會
❹ 增添多餘的內心壓力

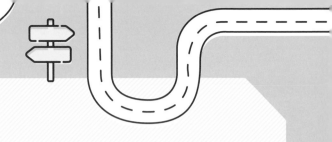

問題三 〔省思評鑑〕

（　）火星爺爺透過什麼方式說明「天生的缺陷無法阻止人的豐盛」？

❶ 引用學者的研究數據　❷ 舉出自己的親身經歷
❸ 運用寓言故事來說明　❹ 比較各國的實際案例

問題四 〔統整解釋〕

（　）火星爺爺認為限制人們發展的主要因素是什麼？

❶ 與其他人相處互動的方式
❷ 對於自己所抱持的自信心
❸ 對於從事職業的熱愛程度
❹ 看待自己所缺事物的角度

問題五 〔統整解釋〕

（　）火星爺爺對於面臨「現實」和「夢想」兩難的人，給出什麼樣的建議？

❶ 可妥善運用瑣碎時間來達成夢想
❷ 想實現夢想就需要放下一切拚搏
❸ 夢想的大小應根據現實處境決定
❹ 無法達成的夢想也能為生活增色

逃避無聊反而讓你成為「無所謂」世代

問題一 〔擷取訊息〕

(　　) 根據本文，各式網站為什麼有辦法利用消費者的注意力來營利？

❶ 可讓使用者更願意付費訂閱
❷ 可向廣告商收取更多廣告費
❸ 能取得個人資料轉售影音平臺
❹ 能暗中散播勒索病毒藉此詐財

問題二 〔統整解釋〕

(　　) 作者同時提到注意力經濟與無聊類型，是想藉此指出什麼事情？

❶ 人們容易依賴網路服務，並因此對人生感到無意義
❷ 人們可從網路尋找更多選擇，卻因此無法下定決心
❸ 人們從網路接收更多資訊，因此展現更多創新靈感
❹ 人們藉網路服務規劃人生，找到擺脫無聊情境契機

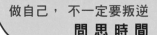

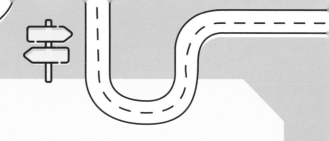

問題三 〔擷取訊息〕

（　）根據本文，請問「無所謂世代」是陷入哪種類型的無聊？

❶ 情境性的無聊
❷ 厭倦性的無聊
❸ 創新性的無聊
❹ 存在性的無聊

問題四 〔統整解釋〕

（　）請問作者認為哪一種無聊有助於激發潛能？

❶ 第一種
❷ 第二種
❸ 第三種
❹ 第四種

問題五 〔省思評鑑〕

（　）承上題，作者採用何種方式說明這種類型的無聊？

❶ 舉出心理學家的實驗
❷ 描繪具體的生活情境
❸ 條列學者對無聊的分析
❹ 引用著名童話故事情節

別再抱怨無聊，其實你離創意非常近

問題一〔統整解釋〕

（　）作者藉由第 1 段的情境，說明人們在什麼狀況下會感到無聊？

❶ 不斷的接受新的刺激
❷ 多次從事相同的活動
❸ 參與起初就厭惡的活動
❹ 對任何事情皆不感興趣

問題二〔擷取訊息〕

（　）作者認為下列何者會激發人們開始創造？

❶ 發揮創意
❷ 逃避無聊
❸ 保持忙碌狀態
❹ 避開陌生事物

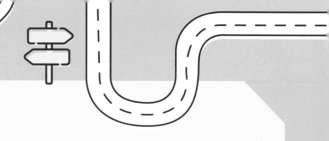

問題三 〔統整解釋〕

(　) 請根據本文推論，從事下列哪項活動最有可能讓大腦進入「預設模式」？

❶ 數羊　❷ 賽跑
❸ 瀏覽社群　❹ 撰寫報告

問題四 〔統整解釋〕

(　) 根據本文，為什麼古今的人們在逃避無聊之後，得到的結果卻不同？

❶ 逃避無聊的方式不同
❷ 逃避無聊的原因不同
❸ 逃避無聊的時間不同
❹ 逃避無聊的次數不同

問題五 〔統整解釋〕

(　) 作者想透過《一直一直往下挖》這則故事，說明什麼事情？

❶ 在困境中改變心態，才能夠獲得想要的結局
❷ 想法不被他人動搖，自己的想法才能被認同
❸ 嘗試不曾做過的事，才可以更深入的認識自己
❹ 重複且持續的過程，很有可能才是進步的開始

練習獨處

問題一 〔統整解釋〕

(　　) 根據本文，請問為什麼人們很難與自己獨處？

❶ 學生行程大多被學習給占滿
❷ 人口密度太高無法避開人群
❸ 獨處需要耗費更多時間成本
❹ 人們太容易受外人意見影響

問題二 〔省思評鑑〕

(　　) 本文使用什麼手法展現群聚的壞處？

❶ 利用對話呈現兩難處境
❷ 描繪作者本人內心獨白
❸ 比較不同行程時間數據
❹ 引用真實事件新聞報導

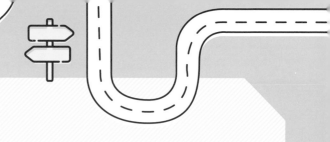

問題三 〔擷取訊息〕

(　　) 請問文中老師的作業要求是什麼？

❶ 找一天完全不使用任何電子產品
❷ 暫時待在家中不跟朋友一起出遊
❸ 特意安排一天與自己約會的行程
❹ 訪問單身的人如何生活與其感受

問題四 〔統整解釋〕

(　　) 請問老師為什麼認為安排觀看 HBO 的同學，不符合作業要求？

❶ 他沒有安排一整套行程表　❷ 他沒有跳脫日常的舒適圈
❸ 他還是受到主流文化影響　❹ 他還是用文字來製作報告

問題五 〔統整解釋〕

(　　) 根據本文，老師認為獨處是為了什麼？

❶ 遠離都市喧囂，享受大自然的悠閒
❷ 不管他人眼光，學會欣賞自身優點
❸ 要學習獨立，培養自主生活的技能
❹ 與自己對話，認真對待自身的需求

沒興趣源自於無知

問題一 〔統整解釋〕

(　　) 準備美術系考試的過程，對作者產生了什麼影響？

❶ 彌補了自己的愧疚感
❷ 喪失了對自己的信心
❸ 破除自己的刻板印象
❹ 堅持自己的既定觀念

問題二 〔擷取訊息〕

(　　) 作者認為一個人之所以會感到「沒興趣、很無聊」的原因為何？

❶ 缺乏認識與感受
❷ 接受太多的刺激
❸ 面對挑戰沒有能力應對
❹ 接收到的資訊未經過濾

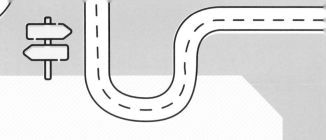

問題三 〔擷取訊息〕

(　　) 作者認為求職時，人們需要注意什麼事情？

❶ 在投身職場之前，應該優先精進自己的實力
❷ 在了解工作之前，不該先判斷自己適不適合
❸ 在投出履歷之前，應該多方考量自己的能耐
❹ 在認識行業之前，不該選擇投入太多的心力

問題四 〔統整解釋〕

(　　) 根據作者的建議，多方嘗試仍需要留意哪兩件事情？

A 更新最新的知識　　B 確保知識的真實
C 擁有自己的見解　　D 達成眾人的共識

❶ A、B　　❷ B、C
❸ A、D　　❹ C、D

問題五 〔擷取訊息〕

(　　) 根據本文，作者認為唯有做到什麼事情，才能展開有趣歷程的第一步？

A 逃避未知　B 挑戰未知　C 承認無知　D 面對無知

❶ A、B　　❷ B、C
❸ A、D　　❹ C、D

害怕衝突的背後，其實是缺乏這些能力

問題一 〔省思評鑑〕

（　）作者用什麼方式引導出文章的主題？

❶ 分享一段親身經歷
❷ 引用一個研究報告
❸ 講述一段虛構故事
❹ 轉述一篇爭議報導

問題二 〔擷取訊息〕

（　）作者說：「我們幾乎每天都會面臨各種衝突。」她這麼說的理由是什麼？

❶ 現代人的耐心與脾氣較差，更常發生爭吵
❷ 衝突包括了各種需求、意見、想法的不同
❸ 人們不斷推出與溝通方法或技巧有關的書
❹ 都市的工作模式常常造成人際關係的緊張

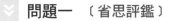

問題三 〔擷取訊息〕

(　) 作者指出，多數人選擇逃避衝突的原因是什麼？

❶ 認為自己無法保護自己、解決問題
❷ 不想透過挑撥離間而得到某些利益
❸ 認為逃避衝突能創造團體最佳利益
❹ 認為應對衝突的方式太多難以抉擇

問題四 〔統整解釋〕

(　) 根據作者的觀點，下列哪一個對於衝突的比喻較為適當？

❶ 衝突是燒毀森林的大火　❷ 衝突是強震之後的海嘯
❸ 衝突是一扇被打破的窗　❹ 衝突是堵住水管的髒汙

問題五 〔統整解釋〕

(　) 小昆讀完文章，在文中圈出「下雨天走在路上，不小心鞋子踩到一灘水」、「跟兄弟姊妹搶玩具、互指說謊，或是家事分配起爭執」、「一杯好喝的飲料，除了茶好料多，甜度與水的比例也很重要」三個資訊，請問這些資訊可以用以下哪一種概念來概括？

❶ 作者用來闡釋三種能力的類比情境
❷ 三種能力在衝突情境裡的具體行為
❸ 完美解決衝突的三種必備關鍵能力
❹ 可以用來增進三種能力的練習方式

YouTuber Alizabeth 娘娘的職場之道：你可以做自己，但不要變白目

問題一〔擷取訊息〕

(　) 下列哪一項敘述符合本文中娘娘對於「工作」的觀點？

❶ 不應把工作當成唯一的成就來源
❷ 工作不是為了成就感，而是快樂
❸ 工作時要適應團隊，不要做自己
❹ 把同事當成夥伴，建立深入關係

問題二〔統整解釋〕

(　) 在娘娘離職後，她的前公司發展改變了她對哪一件事情的想法？

❶ 每個人都有獨特的價值
❷ 不應以工作為唯一成就
❸ 不要單從行為判斷性格
❹ 人在工作上能否被取代

問題三 〔擷取訊息〕

(　　) 娘娘認為，在職場上「做自己」的核心原則是什麼？

❶ 堅持不去拍主管的馬屁
❷ 不去干涉其他同事的事
❸ 把自己的工作做到完美
❹ 認清自己的角色和環境

問題四 〔統整解釋〕

(　　) 娘娘認為來自何者的認同，是最為重要、需要努力追求的？

❶ 社會的認同
❷ 上司的認同
❸ 自我的認同
❹ 同伴的認同

問題五 〔統整解釋〕

(　　) 根據娘娘的觀點，「有效溝通」應該符合什麼條件？

❶ 雙方能夠取得一致的共識
❷ 雙方的想法能夠充分傳達
❸ 雙方處於平和的情緒當中
❹ 雙方中有人能夠改變想法

改變很困難嗎？切換視角讓你輕鬆跨出第一步

問題一 〔統整解釋〕

（　）作者預設多數人把「嘗試未知行為」這件事定義為什麼？

❶「能擴大自己」的「探索」 ❷「能擴大自己」的「改變」
❸「無法做自己」的「探索」 ❹「無法做自己」的「改變」

問題二 〔省思評鑑〕

（　）作者在文中提到《延禧攻略》，這個資訊在文章中有什麼功能？

❶ 承接上文，提出具體的問題
❷ 呼應上文，加強論點說服力
❸ 引起動機，讓讀者開始閱讀
❹ 收束觀點，提出最後的結論

問題三 〔擷取訊息〕

（　）作者認為，為什麼許多人都有「改變的方案」，卻遲遲沒有執行？

❶ 沒有條件實行 ❷ 並非最佳方案
❸ 改變過於痛苦 ❹ 缺乏完整計畫

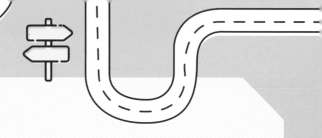

問題四 〔統整解釋〕

(　　) 文中給出兩種「嘗試未知行為」的定義，請問兩者的差別為何？

❶ 一者給人強迫與速成的感受，另一者則是長期且漸進的成長
❷ 一者是他人強加在自己身上，另一者則是出自於自己的意願
❸ 一者需制定周詳的計畫方案，另一者則是隨著當下心情行為
❹ 一者可以取得意料中的成效，另一者則是無法想像最終成果

問題五 〔統整解釋〕

(　　) 本文適合更換為下列哪一個標題？

❶ 走出去！改變才能證明你有過人的勇氣
❷ 走出去！因為你還沒有成為最好的自己
❸ 走出去！只要努力就算失敗也沒有關係
❹ 走出去！成功者的字典裡永遠沒有放棄

問題六 〔省思評鑑〕

(　　) 本文用什麼方式來闡述論點？

❶ 比較兩種不同的認知態度，並以自身的成功經驗為案例
❷ 以自身的成功經驗為案例，並引用專業人士的權威言論
❸ 引用專業人士的權威言論，並透過寓言故事來說明道理
❹ 透過寓言故事來說明道理，並比較兩種不同的認知態度

我聽得見沒有說出來的話嗎？——學會閱讀空氣

問題一〔擷取訊息〕

(　　) 根據本文，「主動傾聽」的具體表現是什麼？

❶ 能主動的去關心、問候他人
❷ 能主動分享自己、引導話題
❸ 能試著詢問他人未說明的話
❹ 能聽出他人沒有說出口的話

問題二〔統整解釋〕

(　　) 作者為什麼要在文中提到「點菜」與「廚師」？

❶ 用親身的經歷闡釋考量對方狀態的重要性
❷ 指出社會上有許多人不懂得考量對方狀態
❸ 說明什麼行為是「白目」、「不會讀空氣」
❹ 以廚師做比喻，說明對話要考量對方狀態

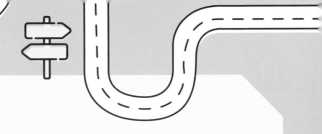

問題三 〔統整解釋〕

(　　) 為什麼作者在文中要提到《閱讀空氣》的累積遊玩人次？

❶ 顯示主動聆聽的能力很重要，受到重視
❷ 說明這個遊戲非常好玩，是成功的商品
❸ 證明主動聆聽的能力可以透過練習增進
❹ 解釋為什麼要推出 Switch 版本的遊戲

問題四 〔統整解釋〕

(　　) 從《閱讀空氣》遊戲中的評分機制與評語設定，可以看出什麼意涵？

❶ 主動傾聽的分數越高越好　❷ 遊戲中的評分共有四個等級
❸ 大家都有主動傾聽的能力　❹ 過度主動傾聽可能有反效果

問題五 〔統整解釋〕

(　　) 小昆讀完本文後說：「部分人士被診斷有社交與情緒障礙，先天缺少這部分的能力，對閱讀空氣有很難克服的障礙，似乎與文中的觀點有所矛盾。」請問他應該是在反思文中哪部分的內容？

❶ 面對思考方式不同的人，不應該使用同一套方式對話
❷ 是當會察言觀色的人還是白目，其實都是自己的選擇
❸ 在日常生活的對話中，大多數人卻難以做到主動傾聽
❹ 單獨或與人在一起的時候，人們可能會有不同的行為

表達感受：認可情緒，設立人際界線

問題一 〔統整解釋〕

(　　) 本文開頭的故事中，作者以什麼方式與來尋求協助的學生對談？

❶ 詢問並幫助學生釐清其內心的感受與想法
❷ 分享自己的經驗，向學生提出實質的建議
❸ 指出學生思考的缺失，敦促學生改變想法
❹ 對學生遭遇表示深切同情並承諾給予幫助

問題二 〔擷取訊息〕

(　　) 作者認為開頭故事中的學生遭遇到什麼問題？

❶ 缺少改變自己、正視問題的勇氣
❷ 難以確認與肯定自己的情緒感受
❸ 受到外在環境的影響而缺乏自信
❹ 沒有機會練習如何表達內心情緒

問題三〔擷取訊息〕

（　）作者認為，為什麼大部分人無法接受自己的負面情緒？

❶ 社會整體的氛圍使然
❷ 人的內心越來越脆弱
❸ 現代人負面情緒太多
❹ 資訊太多而使人疲憊

問題四〔統整解釋〕

（　）作者從「於是，當壓抑在心中已久的委屈突然冒出來，你一時不知道如何接招……」之後所採用的敘述視角，能夠產生什麼效果？

❶ 讓讀者產生同理他人的感受
❷ 使讀者不受到作者主觀影響
❸ 能夠讓讀者看到對立的觀點
❹ 幫助讀者代入到自身的情境

問題五〔統整解釋〕

（　）本文的標題有什麼功能？

❶ 以親切口吻引起閱讀動機
❷ 提出疑問，引導讀者探究
❸ 總結本文論點，說明主旨
❹ 以象徵手法暗示文章主題

不知道的勇氣

問題一〔統整解釋〕

（　）本文指出老師遇到的困難，這個困難是指什麼？

❶ 告訴學生自己不知道答案
❷ 需要隨時接手他人的課程
❸ 上課進度緩慢來不及上完
❹ 學生們無法吸收上課內容

問題二〔擷取訊息〕

（　）根據作者的觀點，地理學家哪一點值得仿效？

❶ 努力學習以充實自我
❷ 對他人的態度很誠懇
❸ 坦承自己知道的有限
❹ 認真傾聽他人的想法

問題三 〔統整解釋〕

(　) 根據作者接手音樂課程與指導教授給全班的信件這兩個例子，作者認為回答學生問題時應該抱持什麼態度？

❶ 自信的態度　❷ 謹慎的態度
❸ 開放的態度　❹ 親和的態度

問題四 〔擷取訊息〕

(　) 作者最後提到他終於能體會當年他的老師的壓力，請問這個壓力來源是什麼？

❶ 學生完全相信老師的話
❷ 學生不服從老師的管教
❸ 學生在課堂上沉默不語
❹ 學生期待老師讚美自己

問題五 〔省思評鑑〕

(　) 作者在文中使用什麼手法來說明道理？

❶ 引用具體的數據突顯老師面臨的問題
❷ 使用名言佳句來暗喻老師面臨的問題
❸ 引述一位老師自白點出老師面臨的問題
❹ 描寫小說故事情節對比老師面臨的問題

人沒有夢想，就不偉大嗎？《靈魂急轉彎》的三堂哲學課

問題一〔擷取訊息〕

（　）作者認為《靈魂急轉彎》上映後，能拿下電影票房冠軍的原因是什麼？

❶ 劇情欲傳達的觀點與過往不同
❷ 由知名電影明星配音動畫角色
❸ 首部專為成人打造的動畫電影
❹ 跳脫以往動畫電影的上映方式

問題二〔統整解釋〕

（　）根據本文，《靈魂急轉彎》這部電影主要在探討什麼事情？

❶ 人如何因夢想而變得偉大
❷ 人生的價值意義究竟為何
❸ 如何找到符合志向的工作
❹ 面對失敗應具備什麼心態

問題三 〔統整解釋〕

(　　) 對作者而言，在《靈魂急轉彎》中，老戴的人生遭遇傳達了什麼觀點？

❶ 好好生活也能夠獲得滿足
❷ 善待他人等同於善待自己
❸ 工作的意義在於實踐夢想
❹ 迷惘通常源自於沒有目標

問題四 〔統整解釋〕

(　　) 根據本文，女伶為何會和 Joe 分享哲學故事？

❶ 想透過這個故事鼓勵自己跟 Joe
❷ 認為自身經歷如同故事中的小魚
❸ 覺得 Joe 目前的心境跟小魚一樣
❹ 發現這個故事是來自 Joe 的創作

問題五 〔擷取訊息〕

(　　) 根據本文，作者認為《靈魂急轉彎》中的「火花」指的是什麼？

❶ 實現夢想的感動　　❷ 生活當下的悸動
❸ 成功的人生志業　　❹ 精采的生命遭遇

粗心的代價

問題一 〔統整解釋〕

（　）作者認為「爸媽的反應十分為難」的原因是什麼？

❶ 難以拿捏管教的界線
❷ 祖父母對教養意見多
❸ 學校不願意體罰學生
❹ 子女拒絕與自己溝通

問題二 〔統整解釋〕

（　）作者透過駕駛的案例，試圖說明什麼事情？

❶ 粗心是自作聰明的結果
❷ 粗心與經驗的多寡無關
❸ 粗心可以隨著年紀改變
❹ 粗心並不是嚴重的錯誤

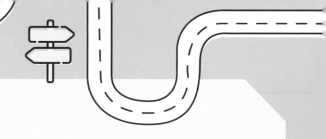

問題三 〔擷取訊息〕

(　) 作者認為粗心與否和下列何者最有關聯？

❶ 實力
❷ 運氣
❸ 自我情緒管理
❹ 人的天生性格

問題四 〔擷取訊息〕

(　) 作者認為「求快」與「求好」是否有可能同時發生？

❶ 可能，只要能夠撐過許多次的失敗
❷ 可能，如果能掌握情緒跟擁有實力
❸ 不可能，人不可能有這麼好的運氣
❹ 不可能，重點應放在求好不要求快

什麼樣的人生值得追求？可以「零落差」說清楚嗎？

問題一 〔擷取訊息〕

（　）作者為什麼認為追求健康的人生不切實際？

❶ 健康是可遇不可求的
❷ 追求健康非常耗時間
❸ 沒有人是完全健康的
❹ 健康的人生並不快樂

問題二 〔統整解釋〕

（　）作者認為很多人常常是根據什麼而做出「助人」行為？

❶ 受幫助者開口提出的請求
❷ 邏輯思考之後得出的結論
❸ 評估自己幫助他人的能力
❹ 自己認為是正確或好的事

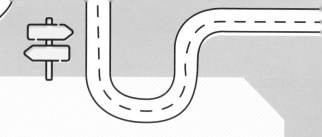

問題三 〔統整解釋〕

(　　) 面對佛教團體只供僧，以及要求孩子誠實卻不能說人醜胖的家長，作者認為兩者的共同問題是什麼？

❶ 不夠勇敢去追求一件事情
❷ 對於一件事的邏輯不一致
❸ 沒有設身處地為別人著想
❹ 用有色的眼光來看待別人

問題四 〔統整解釋〕

(　　) 作者認為保持思考的好處是什麼？

❶ 能夠覺察事情的多個面向
❷ 能讓我們找到快樂的方式
❸ 察覺人生充滿挑戰與冒險
❹ 了解人生有哪些重要他人

問題五 〔統整解釋〕

(　　) 本文主要想討論什麼事情？

❶ 如何制定人生的規畫
❷ 如何改變個人價值觀
❸ 人生應該怎麼做出選擇
❹ 人生應該追求什麼事情

面對有限的選擇

問題一〔統整解釋〕

（　）作者是依照下列何者來區分三種衝突情境？

❶ 選擇困難的後果
❷ 選擇困難的原因
❸ 選擇困難的困擾程度
❹ 選擇困難的解決模式

問題二〔省思評鑑〕

（　）作者透過哪種方式解釋「擁有更多選項的人生會擁有更多自由」？

❶ 說明個人的經驗
❷ 引用心理學數據
❸ 比較東西方的差異
❹ 條列各種成功案例

問題三 〔擷取訊息〕

(　　) 作者認為要增加人生的選項，取決於下列哪些因素？

A 資源　B 熱情　C 條件　D 能力

❶ A、B、C　❷ A、B、D
❸ A、C、D　❹ B、C、D

問題四 〔統整解釋〕

(　　) 作者如何評價關於選擇的三種情境？

❶ 選擇其實應該要越少越好
❷ 選擇的機會多比較不痛苦
❸ 沒有選擇的結果一定不好
❹ 只能增加選擇來處理問題

問題五 〔統整解釋〕

(　　) 作者認為如果遇到「選擇有限」的狀況，應該要如何面對？

❶ 先嘗試風險最低的路徑
❷ 絕不屈就於受限的情境
❸ 以最快的速度做出選擇
❹ 接受現況並從中找機會

不良品的意義：發現別人尚未得知的寶藏

問題一　解答 ❸

本文在第 1 段提及「所有人都在討論成功」，並以雜誌封面、教科書為例，說明人們對成功的推崇，接著在第 2 段以「不良品」和「醜蔬果」為例，便是為了以此與第 1 段形成對比，說明人們對於失敗的排斥。綜合以上，本文以「不良品」、「醜蔬果」的例子，說明的社會風氣是「尊崇成功，貶抑失敗」。

問題二　解答 ❷

本文在第 8 段提到「這項『不黏的膠』沒有人知道如何應用，很容易就被視為『失敗品』」，由此可知，一項產品的成敗與其是否被適當的應用有關。接著，本文於第 9 段承接第 7 段提及的需求，說明「將這款膠塗在紙的背後」的應用方式，使其「大獲好評」而能成功。綜合上述，答案應選（2）。

問題三　解答 ❶

參考第 12 段：「創辦人曾公開發表欣賞過去那十八年的失敗經驗，並強調把自我與失敗脫鉤看待……」段落。

問題四　解答 ❶

3M 的故事描述「不黏膠」的失敗與後續應用成功的案例，而在 Lululemon 的段落中，提到其創辦人的經營失敗過程，以及將品牌轉為瑜伽運動服飾，之後成為全球運動界的精品品牌的成功經驗。這兩個案例皆曾歷經失敗，而後終究獲得成功，由此可知其共通點為「皆反映一時失敗不代表一切」。

問題五　解答 ❹

本文在倒數第 5 段提到「好好談論分享失敗經驗」的國際失敗日，以及「鼓勵孩子有犯錯經驗」的錯誤節，兩者的活動方式皆隱含正視與接納失敗的精神。以此對比作者於第 1 段提到「尊崇成功，貶抑失敗」的社會風氣，可知作者提及這兩個節日的目的，是為了「舉出改善社會風氣的方法」。

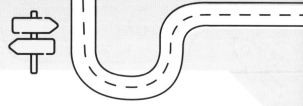

關於自信這件事

問題一　解答 ❶

根據「自我價值感」段落：「但事實上，所有人一開始本來就都是玻璃心的，因為自我價值感是我們在成長過程中，透過自己的經驗、與家人的互動中慢慢建立起來的。」可知答案應選（1）。

問題二　解答 ❹

「自我價值感」是自我看重的程度，從個人經驗、與他人互動中建立，自我價值感高的人，能與他人有良好的互動。「自我效能感」是對自我能力的相信程度，文中提供增進自我效能感的三種方式：從經驗中自省、肯定嘗試的意願、事後學習法。自我效能感高的人，完成挑戰、解決問題的能力也較高。

問題三　解答 ❶

根據增進自我效能感的第一個方法，大人要讓小孩自己承擔行為的後果，才能從中累積經驗。在（1）的情境中，若孩子因為賴床而遲到，必須自己面對懲罰或接受損失，往後有可能會改掉賴床的習慣，或不再依賴父母催促。（2）、（3）能增進親子關係，（4）僅讓孩子遵守規定，並未讓其承擔後果。

問題四　解答 ❹

在「找到合適的學習方法與途徑」段落提到：「學習低落通常與教學技巧還有學習方法有關，所以我們應該針對這些部分找出解決方式，畢竟，沒有方法或技巧的努力，就好比要人開好一輛沒有方向盤的汽車，問題不全然出在駕駛身上。」故正確答案為（4）。

問題五　解答 ❸

根據增進自我效能感的第二個方法，自我效能感會因不同科目或領域而有差異，我們對某個領域沒興趣也無妨，不必事事求好，重點是透過經驗累積自我效能感。依據作者的觀點推論，他可能會支持專才教育，而不強調五育並重。

不能信任沒有失敗過的人

問題一　解答 ❹

本文第 4 段提到：「不過促使我下定決心的最重要驅力其實與工作無關，我希望能做一件勇敢的事鼓勵我最重要的人。」由此可知，使作者決心離開大塊文化的關鍵動機是「藉由勇敢的行為鼓勵他人」。

問題二　解答 ❶

本文在第 5 段提到：「現在回想，兩個沒有財務概念且都有經濟壓力的人（朋友是單親媽媽），做這個決定真的天真。」由此可知，作者自認晴天未能創業成功的原因是「財務管理欠佳」。

問題三　解答 ❸

本文第 8 段提到：「也有不在乎你的規模大小、願意從本質去傾聽和對待、帶來各種善意的人們。或許也因為如此，我感覺在晴天建立的情誼是此生最牢固的。」可知作者認為在晴天建立的情誼，其特殊的原因與互動的對象「不在乎晴天的規模大小」有關，也就是不考量所謂的世俗功利。

問題四　解答 ❷

從本文倒數第 3 段可知，此處所說的決定，是指作者自認天真、冒險的行為。而本文第 1 至 6 段主要敘述作者離開大塊文化自行創業的過程，其中提到「離開舒適圈」、「做這個決定真的天真」等想法。綜合上述，作者所說的「決定」，應是「跳脫舒適圈，自行創業」。至於選項（1），本文提及作者離開大塊文化、成立晴天、接任雜誌總編輯的這些歷程，皆未離開出版業。

問題五　解答 ❶

根據本文，巨思文化社長曾對作者說：「正因為你失敗過，會更知道如何經營。」而本文倒數第 2 段亦提到：「我相信，失敗教給我更多。學著謙遜，並且把任何際遇都當成過程。」上述說法皆承認失敗的價值，統整後則可得知，作者認為從失敗的經驗中學習，便能提升自身的能力。

在輸得起的年紀全力奔跑

問題一　解答 ❸

根據本文，作者認為以盡力而為的態度做事「僅是做到讓自己安心而已」，但是全力以赴卻是要將事情做得「讓人驚嘆，讓人知道我的能力卓越」。綜上所述，可知兩者的差別在於「是否僅努力到讓自己安心」。

選項（1）、（2）：根據第 6 段的內容可知，盡力而為的過程中依然會付出心力，因此同樣會感到辛苦；盡力而為的態度是指將書念完、將工作完成，而這樣的行為依然可能獲得他人肯定。
選項（4）：根據第 6 至 8 段的內容可知，盡力而為的態度會將自己分內的事完成，而全力以赴則是在完成目標的同時，也力求將事情做到完美。

問題二　解答 ❹

作者在第 6 段提到以「盡力而為」的態度讀書、工作，僅是力求將事情完成，好讓自己安心；在第 7 段中則指出，以「全力以赴」的態度讀書、工作，則是要付出自己全部心力，將事情做到讓人驚嘆。綜上可知，作者是「舉出生活案例，對比兩種態度處理事情的差異」來說明這兩種處世態度的不同。

問題三　解答 ❶

作者在第 10 至 12 段分享自己成為作家的經歷，他將現有的成功歸功於自己拚盡全力的利用所有時間進行創作，才造就自己成為一名知名作家，他也藉此鼓勵其他人「只要你全力以赴，真的不可能會到不了」。綜上所述，作者想透過自己的親身經歷，說明「全力以赴是達成夢想的關鍵」。

問題四　解答 ❸

根據文章結尾可知，作者認為當人經歷太多現實挫敗後，會失去相信自己的勇氣，無法再不計後果的全力追求一項事物，因此他鼓勵大家應該在依然相信自己的年紀時，全力以赴的追求夢想。

面對自己永遠不夠厲害的現實

問題一　解答 ❶

講者提到，她看著臺下的畢業生，彷彿看到了以前臺下那個迷惘的自己，不知道如何面對殘酷的社會，因此這場演講，就是她想跟當年的自己說的話。

問題二　解答 ❸

在「鍛鍊學習肌肉，別怕自己不夠好」段落，講者提到：「你會需要持續面對的，就是自己永遠不夠厲害這件事情。永遠不夠厲害，其實從另一個角度來說，也就是，你永遠都還可以學。」她也認為「我可以學」能讓人願意去行動，甚至能讓人不再害怕，很多的第一次都可用「我不會，我要學」這句話來面對。

問題三　解答 ❷

根據「找工作，不如找一件你想捍衛的事」段落，講者提出現代人的工作時間占據人生的 70%，「那麼與其找工作，不如找一件你真正想捍衛的事。每一份工作，都有它背後的本質，與要捍衛的價值」，因此答案應選（2）。

問題四　解答 ❹

根據「找工作，不如找一件你想捍衛的事」段落，講者從她的法文口說老師得知，從事一份願意花時間去捍衛的工作，能讓她更快樂，講者因此明白如何尋找自己的職涯方向。

問題五　解答 ❶

根據「世界的殘酷，是為了讓你成為更好的大人」段落：「我們面臨了權力不均等、權力失衡而產生的暴力……在必要的時候，我們要為了其他人站出來。我們必須從自身實踐開始，謹慎使用我們的權力。」，因此答案應選（1）。

問題六　解答 ❸

講者一開始便說自己很喜歡聽畢業演講，因為能在短時間中聽到一個人的精華故事。而她亦透過這次的演講，將自己的人生故事與方法論分享給畢業生。

跟沒有借東西

問題一　解答 ❸

根據文章第 1 至 3 段可知，作者透過詢問大家「火車上沒有什麼」這個問題，來說明如果想使自己的產品或服務與眾不同，就要想辦法將大家都缺乏的事物轉化為現實，並與他人做出差異。

問題二　解答 ❸

文章第 5 至 6 段提到，當人們「家裡有菲傭」、「朋友很多」和「父親很富有」時，可能會變得「不會做家事」、「耐不住寂寞」或是「一事無成」，由此可知，作者認為當人處於不虞匱乏的生活中，可能會失去一些培養技能的機會。

問題三　解答 ❷

作者在第 6 段提到：「我雖然沒有你方便，可是你的天使沒有我這麼多。」並接著舉出自己在外國受到幫助、橫渡日月潭、拍過微電影、出書等親身經歷，來說明自己雖然沒有大家方便，但卻「完全阻止不了我的豐盛」。

問題四　解答 ❹

作者認為當人們擁有缺陷或不足時，應該「把焦點放在『創造』，不要放在『沒有』」，鼓勵大家積極的將原本的劣勢逆轉出無限的可能；後又以「一個掉到糞坑裡面，又一直在抱怨糞坑很臭的人是走不出糞坑的」，說明當人們總是悲觀消極的面對自己所欠缺的事物時，將永遠不可能改變自己周遭的環境。最後結尾指出：「我覺得困住我們的從來不是『我們沒有什麼』，而是『我們如何看待沒有』。」綜上可推知，作者認為決定一個人能否做出改變、向前邁進的關鍵，在於他「看待自己所缺事物的角度」。

問題五　解答 ❶

文中提到有些人會抱怨自己被生活牽絆住追夢腳步，對此，作者在文章結尾以超級英雄的例子，說明即使是超級英雄，也是利用工作後的閒暇時間來完成志業。綜上可知，作者給這些人的建議為「可妥善運用瑣碎時間來達成夢想」。

逃避無聊反而讓你成為「無所謂」世代

問題一　解答 ❷

根據文章第 3 段：「因為有廣告主付錢給他們，網站流量越多廣告越有價值！這就是『注意力經濟』最基本的商業模式。」由此可知正確答案為（2）。

問題二　解答 ❶

在說明完注意力經濟和無聊類型後，作者形容人們腦袋開始進入「自動導航模式」，也就是說，人們依賴網路提供的資訊，並從原先的無聊，變成「存在性無聊」，對一切提不起勁。故作者說明這兩者，是為了警醒讀者「人們容易依賴網路服務，並因此對人生感到無意義」。

問題三　解答 ❹

在作者說明「自動導航結果」的段落中，提到「進入『存在性無聊』，正式成為『無所謂世代』的一員」，由此可得知，無所謂世代是陷入了「存在性的無聊」。

問題四　解答 ❸

作者在文中提到，「擁抱無聊最精采的經驗莫過於找到『創新性無聊』這顆彩蛋」，並以心理學家的實驗，解釋如果沒有被局限住，小孩會把同一個玩具開發出不同玩法。也就是說，創新性無聊有助於激發潛能。而在文中，創新性無聊為「第三種無聊」。

問題五　解答 ❶

在提到「找到『創新性無聊』這顆彩蛋」之後，作者以心理學家的實驗指出在「教導情境」中，孩童很容易陷入其他類型的無聊。但在「探索情境」和「無示範情境」，孩童會因為進入創新性無聊，於是探索出更多種玩法。

別再抱怨無聊，其實你離創意非常近

問題一　解答 ❷

根據作者在第 1 段提出的遊樂園假設情境即可推知，作者想藉此說明人們在「多次從事相同的事物」後會感到無聊。

問題二　解答 ❷

根據第 2 段：「若所有人類都會感受無聊而起身去創造，『逃避無聊』不就是『進化』的原動力嗎？」可以得知正解為「逃避無聊」。

問題三　解答 ❶

第 4 至 5 段中提及：「在過去沒有各類 3C 設備、手機電玩的時代，不少人選擇打發時間的方法是從事一些重複不費力的行為……這些看似『放空』的行為，如：散步、洗澡，會讓大腦進入『預設模式』。」而在四個選項中，「數羊」是透過想像重複畫面以放鬆身心，最符合看似放空且重複不費力的行為。

問題四　解答 ❶

在第 4 至 5 段中，作者舉了阿基米德、日本哲學家或文學家等例子，說明讓大腦放空反而能激發出創意。並在第 7 至 8 段提及：「然而現代人逃避無聊的方式，大多是立刻拿起手機吧……大腦也漸漸喪失讓思緒漫遊的潛意識連結……對未來沒有任何想像，難道不會感到更無聊嗎？」說明選擇不斷接收資訊以逃避無聊，並不會創造出更有趣的事物。觀察這兩例的差別，可以發現前者能發揮創意，後者卻只會更無聊，是因為「逃避無聊的方式不同」。

問題五　解答 ❹

作者在文末提出：「我們就像無聊二人組一樣……能做的只有一直一直挖下去。只是差別在於，我們也能在不斷重複、毫無科學線索的過程中，好好的接受大腦漫遊的禮物，感受有什麼奇妙的事物正在發生嗎？」文章更以「順著挖下去，說不定就能找到屬於自己的創意寶藏」作結，可見作者是將故事情節與現實生活對照，試圖說明「重複且持續的過程，很有可能才是進步的開始」。

練習獨處

問題一　解答 ❹

作者在第 2 段說明「我們一直讓自己處在人群中，反而不停受到外界影響」，接著在第 6 段舉例前提到：「我們在人群當中其實很難聽到自己的聲音，有太多……直接壓蓋自己內心聲音的因素。」綜上可知，作者認為人們很難與自己獨處，是因為「人們太容易受外人意見影響」。

問題二　解答 ❶

在第 6 段之後，作者以幾人討論選晚餐的對話為例，展現人容易在人際互動中，陷入該聽從他人意見或者遵循內心聲音的拉扯。

問題三　解答 ❸

可參考第 4 段中，作者出的「選一天與自己約會」作業內容。

問題四　解答 ❷

作業要求為「針對自己有興趣的事物，特意安排一天與自己約會的行程」，並且不遷就其他人的意見、行程，靜靜感受這份行程帶給自己的體驗。而觀看 HBO 的同學僅只是在日常生活中，依樣畫葫蘆的「一個人看電影」，並沒有「重新關注自己本身」。故最適合的答案應為「他沒有跳脫日常的舒適圈」。

問題五　解答 ❹

在文章最後幾段中，作者提到：「透過練習獨處，去認識自己。」以及「能在獨處的過程中……尊重自己每一個需求。」綜合以上資訊，可以得知老師認為獨處是為了「與自己對話，認真對待自身的需求」。

沒興趣源自於無知

問題一　解答 ❸

作者在準備美術系考試時，才對以往不喜歡的中國美術產生興趣：「對於不熟悉的事物，再也不敢驟下定論……原先以為的『不喜歡』、『沒興趣』，其實是源於無知。」可以推知作者在備考過程中「破除了自己的刻板印象」。

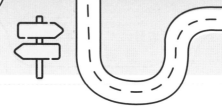

問題二　解答 ❶

可參考第 2 段：「原先以為的『不喜歡』、『沒興趣』，其實是源於無知。」

問題三　解答 ❷

作者在第 6 至 8 段中，以求職過程為例，說服讀者「不要因為任何框架限制了你的探索」。而從「先爭取面試機會」、「透過面試進一步了解工作、領域」等過程，才能更了解自己喜歡或想要的事物，不需要自己先做適不適合的判斷。

問題四　解答 ❷

作者認為在資訊氾濫的時代，錯誤偏頗的言論或譁眾取寵的聲音，比真實正確的資訊多太多，「一知半解比全然無知更加危險」，因此需注意「確保知識的真實」。而倒數第 2 段提到：「每個人的吸收理解能力也不盡相同……自己去爬梳文字、去思考、去和自己的經驗對照……可能比結果更為重要。」可得知是否能在接觸並認識一件事物時「擁有自己的見解」，亦是作者認為相當重要的事。

問題五　解答 ❹

可參考末段：「承認無知、面對無知，其實是展開許多有趣歷程的開始。」

害怕衝突的背後，其實是缺乏這些能力

問題一　解答 ❸

第 1 段以「好不容易盼來連假，你正計劃倒頭呼呼大睡」開頭，使用的是第二人稱「你」，而讀者未必經歷過故事中的情境，所以可以理解為一個虛構故事。

問題二　解答 ❷

可參考第 5 段：「衝突並非只有表面上的爭吵……」等敘述。

問題三　解答 ❶

可參考文中「選擇『戰』或『逃』的關鍵因素，來自於你認為有沒有能力保護自己、找到解決方案。」這段敘述。

問題四　解答 ❹

作者認為：「『衝突』是一把解鎖鑰匙，只要看清楚衝突點是什麼，需要被解決的問題就會具體浮上檯面，才能有機會一一梳理、找出共識……」也就是將衝突比喻為髒汙，事情的發展比喻為水流，正視衝突才能解決問題。「若表面上沒有任何衝突，但卻停滯不前，反而無法找出施力點，難以捉摸利益關係人的想法，事情就會變成一灘死水，毫無進度。」

問題五　解答 ❶

作者在列三種能力時，分別舉出三個虛構情境來說明該項能力。在「與負面情緒相處的能力」中她說：「試想一個情境……」；在「事先規劃的能力」中則請讀者回想小時候的經驗；在「溝通表達的能力」則提出「一杯好喝的飲料」的比喻。這些情境都能具體展現抽象的能力，幫助作者說明該項能力的內涵。

你可以做自己，但不要變白目

問題一　解答 ❶

娘娘認為若把成就感建立在工作上是危險的事，但並未指出工作不能帶來成就感。從「萬一你沒了這個工作，或是得不到掌聲了，該怎麼辦？」可以推知，娘娘是指「不應把所有的成就感放在工作上，而是應該要做分配」。

問題二　解答 ❹

娘娘原來在工作中的體悟是「沒有誰不能被取代」，但是她辭職後，接任的人無法接替她的工作，使她體認到要「建立自己的無可取代性」。

問題三　解答 ❹

娘娘從工作經驗體認到「在職場上，就是要認清自己的角色和環境，做好該做的事」，並且「只要掌握『個人角色』的分寸，在職場上做自己，並不是這麼難」，因此她認為同事只是一起共事的團隊成員，只要認清自己的目標，即使需要拍主管馬屁也無不可。

問題四　**解答 ❸**

本次訪談的重點是「自我認同」，娘娘在訪談中也一再強調「為了自己」，並指出唯一應對霸凌、歧視的方法，就是來自自我的心理認同，要認識自己、接納自己跟別人的不同，才能過得快樂。

問題五　**解答 ❷**

娘娘認為，當自己的立場被否認，也不一定是失敗的溝通，「有效的溝通是一方把另一方的話聽進去，不見得要有共識，但至少願意接受對方的論點。」

改變很困難嗎？切換視角讓你輕鬆跨出第一步

問題一　**解答 ❹**

作者在開頭說：「在這個世界上，要想過上更加輕鬆愜意、順心如意的生活，『改變』還是一個不可或缺的有效策略。」接著又說：「我們到底該怎麼讓『改變』變得容易一些呢？我認為第一件可以做的是：重新定義『嘗試未知行為』對你而言的意義。」綜上可知，可以得知作者認為「多數人認為改變就不能做自己」，且「多數人習慣將『嘗試未知行為』視為『改變』」。

問題二　**解答 ❷**

作者提出論點：「正因為大家都期待世界上的其他人能夠配合自己，所以這世界更加不可能是繞著自己轉的。」又舉《延禧攻略》中皇帝偶爾也要配合嬪妃的例子來印證前文的論點，此做法為「呼應上文，加強論點說服力」。

問題三　解答 ❸

可參考「可是一講到改變，很多人就會眉頭一皺，覺得很麻煩、很痛苦……卻始終遲遲沒有去做，也都是因為卡在『改變太痛苦』這個點上。」段落。

問題四　解答 ❶

作者在文中提出以「探索」取代「改變」，並說明兩者的差異：改變「會給人帶來一種：必須立即、一次達成、沒有犯錯空間的感受」；而探索「反而給人一種：一次調整一點點、拉長時間、逐步犯錯修正並成長的過程」。

問題五　解答 ❷

本文作者主張以「探索」代替「改變」：「把自己認定為已知的一部分，外邊還有另一部分未知的自己，你是站在一個遙遠的時間點回頭看現在的自己。」作者將探索視為「成長」，鼓勵讀者做出改變、探索未知，成為更好的自己，因此「走出去！因為你還沒有成為最好的自己」會是較合適的答案。

問題六　解答 ❶

本文作者主張應該將對「嘗試未知行為」的認知，從「改變」轉向「探索」，後又不斷比較兩者，釐清兩者的區別，建議讀者以「探索」來對待未知，接著以自己的經歷為例，改變在社交上的慣性，印證所提出的論點。

我聽得見沒有說出來的話嗎？

問題一　解答 ❹

根據作者開頭的定義：「傾聽和主動傾聽最大的區別是，傾聽是聽說出口的話，而主動傾聽，是試著去聽那些沒有說出口的話。」可以得知答案為（4）。

問題二　解答 ❹

作者認為好的廚師會因客人調整做菜方式，接著又說：「所以一個好的對話者，也要記得自己所說的話……跟我們對話的人，並不是為了我們而存在的。」綜上可知，作者是以點菜和廚師舉例，說明「主動聆聽」的意義。

問題三　解答 ❶

本文的目的是鼓勵讀者「主動傾聽」，作者舉《閱讀空氣》為例也是基於此目的。從這款遊戲雖然簡單，遊戲人次卻「超過一千萬人」，可以看出作者肯定此遊戲，也說明作者認為此數據應有證明《閱讀空氣》很受歡迎的功用，進而可以推論作者是要間接說明「主動聆聽」是許多人所重視的能力。

問題四　解答 ❹

根據文本，在《閱讀空氣》中答題之後，會得到一個評語，像是「恰到好處」、「勉強可以」、「有點糟糕」等。其中在「恰到好處」之上，還有一個「巧言令色」，亦即體貼過頭，顯得有些虛偽造作，可能造成反效果。

問題五　解答 ❷

作者在文中提到：「要當一個白目、還是一個能夠察言觀色的人，其實都是我們自己的『選擇』。」指出只要願意，人人都能察言觀色。不過題目中的小昆引用情緒障礙的例子，指出某些人因心理、精神因素，無法做到自由選擇是否要察言觀色，與作者的觀點相異，可推測他應該是針對這個觀點做反省。

表達感受：認可情緒，設立人際界線

問題一　解答 ❶

面對來尋求協助的學生，作者首先問他為什麼想成為有自信的人？接著又問：「『氣場強大』的人與他的差別在哪裡？」、「有委屈、難過、失落、無助、丟臉、孤單、沮喪、挫敗或生氣這些情緒嗎？」、「是什麼讓他猶豫不決，有話無法說出口？」等，不斷透過提問，引導學生釐清自己的想法。

問題二　解答 ❷

根據本文「……心裡有些不舒服的感覺，但卻無法確認是什麼樣的不舒服，甚至，他懷疑是否應該感覺到不舒服。這正是讓許多人無法向他人表達內心不滿的原因——難以確認與肯定自己的情緒感受。」可以得知答案。

問題三 解答 ❶

參考文內段落：「這個社會就是期待每個人要收起負面情緒，當表現出生氣、焦慮、沮喪等負面情緒時，會被說是『情緒化』、『EQ 有問題』，久了，我們也開始否定自己的情緒感受，透過否認或忽視，對我們的情緒感受視而不見。」

問題四 解答 ❹

作者在本文有一次明顯的敘述視角切換，在前半段他以「我」的角度敘述自己與學生的對談經驗，闡述了自己的觀察與想法。而從「當壓抑在心中已久的委屈突然冒出來……」之後，敘述視角變成「你」，並設想了多個情境。這些情境讀者未必接觸過，但能夠幫助讀者代入，進行作者想要其進行的思考。

問題五 解答 ❸

標題有許多類型，有些是簡單的關鍵詞；有些提出疑問，引起讀者探究；有些以呼告的口氣號召讀者採取行動。標題的設定與文本的目的、情境有關，本文標題〈表達感受：認可情緒，設立人際界線〉，可以概括本文的幾個重要概念，也是作者想要透過文章讓讀者知道的，因此選擇（3）較為合適。

不知道的勇氣

問題一 解答 ❶

本文主要討論老師不敢輕易說出不知道，因為會害怕學生懷疑自己。因此，我們能推論題幹所指的「困難」，應該是指告訴學生自己不知道答案這件事。

問題二 解答 ❸

根據第 2 段，作者認為對於老師來說，「不知道」這句話很難輕易說出口，之後提到小王子多次向地理學家提問，而地理學家都回答他不知道。統整前後文可知，作者應是認為地理學家「坦承自己知道的有限」這件事值得仿效。

問題三　解答 ❷

作者在文中提及：「在準備這每週三節的音樂課時，我更加謹慎……但如果過程中我分享的內容有誤，希望有學過音樂的同學能夠提出來，跟我們分享。」而後又提及:「後來當自己成了老師，看到學生們把自己當成神一般的信仰時，我終於體會我的老師當年的壓力，因為當自己說出什麼，學生都當成是對的時候，我們是否更該謹慎的問自己，在課堂中我們餵食了什麼給孩子？」根據前述，作者在敘述接手音樂課程與指導教授的回信時，都提到謹慎的態度。

問題四　解答 ❶

最後一段中，作者再次以他的老師與地理學家來舉例，並說「因為看到學生把自己當成神一般信仰，所以體會到老師當年的壓力」。

問題五　解答 ❹

作者為了討論「老師不敢輕易說出我不知道」的現象，選擇用《小王子》這本書裡的故事情節——地理學家對於小王子的提問都說不知道，來告訴老師，他們可以向學生說「我不知道」。

《靈魂急轉彎》的三堂哲學課

問題一　解答 ❶

參考文中第 4 段，《靈魂急轉彎》能「拿下票房冠軍的關鍵，正是因為故事劇情顛覆了單純要大家勇敢追夢、尋找生命意義的窠臼，以更貼近成人的視角，帶領觀眾重新反思『生命』、『活著』、『志業』這件事」。

問題二　解答 ❷

文章開頭提到「主流價值觀普遍認為，人一生大部分的時間，都在工作，所以最好找到一個符合人生志向的工作，才會感到快樂」，但在《靈魂急轉彎》中，皮克斯卻用了許多角色來說明不同的人生觀。綜上所述，答案應選（2）。

問題三　解答 ❶

文中提到《靈魂急轉彎》中的老戴「礙於現實的經濟壓力，不得不放棄當獸醫的夢想……依舊對每天的理髮工作充滿熱情，對每個客人都帶著服務熱忱」。作者最後也提到：「你我身邊都有像老戴這樣的人……雖然他們從來沒有圓夢，卻能享受當下，對生活感到滿足。」故正確答案為選項（1）。

問題四　解答 ❸

文中提到電影裡的女伶分享了一個哲學故事：小魚一直嚮往著海洋，老魚則提醒小魚已身在海洋中。「『海洋』和『水』，意味著期待與認知的不同」、「你正在追求的事情，是自己心目中的『大海』，還是別人期待的『大海』？」綜上所述，《靈魂急轉彎》中 Joe 就如同小魚一樣，仍未認知到自身已在「大海」中，因此女伶藉由分享這個故事，希望 Joe 能轉換心境。

問題五　解答 ❷

文末提到：「擁有真正的火花，是享受每一個當下、每一份悸動，以及對生活保持期待和熱情。」由此可知，此處的火花指的是生活當下的悸動。

粗心的代價

問題一　解答 ❶

根據第 7 段，因為大考會影響升學結果，父母多講也「無法改變考試的結果，只會傷害親子關係」，但「心中還是很想趁這個時間，來個機會教育」。綜上可知，為難的原因在於管教與不管教都可能有問題，故（1）為正解。

問題二　解答 ❷

根據第 8 段，作者認為「技術很好的資深駕駛上路，未必會比剛考上駕照的新手更安全」，因為「能否認真專注、小心翼翼、心平氣和、臨機應變」才是關鍵。綜上可知，延續前幾段對於粗心的討論，作者以駕駛作為類比，應是要藉此說明粗心與否與經驗多寡並無絕對關聯。

問題三　解答 ❸

根據第12到14段，作者認為「粗心與『自我情緒管理』有相當大的關聯性」，而且「『自我情緒管理』的能力，既會影響『實力』的展現，也會影響『運氣』的流動」，故可知最有關聯的應是「自我情緒管理」。

問題四　解答 ❷

根據最後一段，「我們通常以為『求快』與『求好』無法兩者兼具，但若能先掌握『自我情緒管理』，再加上『實力』，『求快』與『求好』是可以同時發生的。」故（2）為正解。

什麼樣的人生值得追求？可以「零落差」說清楚嗎？

問題一　解答 ❸

作者拋出反問句：「人生追求健康有什麼不切實際的呢？」接著舉例說明「沒有人是完全健康的」、「這樣的人幾乎不存在」，可知答案應選（3）。

問題二　解答 ❹

作者先指出「所謂的助人，其實大多時候都是想要將我們自己認同的價值觀，強加在別人身上」，接著提到家長與街友兩個例子來補充說明。綜合前述，作者認為很多人常常是根據「自己認為」是正確或好的事做出助人行為。

問題三　解答 ❷

作者先指出要梳理自己的雙重標準，就能幫助自己成為「內外一致」的人。接著提到佛教團體在賑災時挑選救助的對象，使作者懷疑他們賑災究竟是為了助人還是助己？另又舉例，大人要求孩子誠實的態度，在不同事情上沒有一致的標準。綜合前述，作者認為兩者的問題是對一件事的邏輯不一致，並總結「邏輯一致，就是對自己、對別人最大的幫助」。

問題四　解答 ❶

文中提及：「真正的勇敢，就是會思考」、「保持『自我覺察』的能力……能夠用中性的角度看到……每一個概念背後並存的優點和缺點，並且用中性的態度來面對。」因此，作者認為保持思考的好處就是能夠覺察事情的多個面向。

問題五　解答 ❹

本文標題已點出主旨「什麼樣的人生值得追求？」內文亦主要討論什麼樣的人生值得追求、要怎麼思考自己要追求什麼樣的人生，末段又再次提問：「你對於自己的人生，會如何提案？」綜合前述，答案應選（4）。

面對有限的選擇

問題一　解答 ❷

根據「你的抉擇卡在哪裡？」段落， 三種衝突情境分別是：雙趨衝突、雙避衝突以及趨避衝突，分別在探討人們面臨選擇困難時，是因為都太想要、都不想要，或者要也不是，不要也不是，故（2）「選擇困難的原因」為正解。

問題二　解答 ❶

根據「如何增加人生的選項？」段落，作者介紹了自己從擔任教師到辭去教職，最後成為一名自由工作者的過程。並且說明自己之所能夠成功轉職，是因為「比其他人擁有更多的專長，因而有了現況之外的其他選項」，也因此能在「不滿現狀時，可以選擇轉換跑道」，過得更加自由。綜上可知，作者藉由「說明個人的經驗」，來解釋「擁有更多選項的人生會擁有更多自由」。

問題三　解答 ❸

根據「如何增加人生的選項？」段落，作者認為若想要增加人生的選項，就必須「擁有更多的資源、能力與條件」，故（3）為正解。

問題四　解答 ❷

根據「能力與資源決定了選項多寡」段落：「其實，對大部分的人來說，當選項很多，而不知道選擇哪個好時，雖然有些苦惱，但卻是幸福的。因為，你只是在找尋一個令你最為滿意的選項，而不是沒得選。」可知作者認為，選擇的機會多雖然也會有苦惱，但整體而言還是幸福的。

問題五　解答 ❹

根據「看似選擇有限，仍能創造無限可能」段落，作者認為如果真的遇到「選擇有限」的狀況，最終還是得試著在有限的選擇當中，想辦法找出新的可能性。故可知作者認為面對的方式為「接受現況並從中找機會」。

題目設計｜品學堂
責任編輯｜李幼婷　特約編輯｜劉握瑜　美術設計｜丘山　行銷企劃｜陳詩茵、葉怡伶

天下雜誌群創辦人｜殷允芃　董事長兼執行長｜何琦瑜
媒體暨產品事業群
總經理｜游玉雪　副總經理｜林彥傑　總編輯｜林欣靜
行銷總監｜林育菁　副總監｜李幼婷
版權主任｜何晨瑋、黃微真
出版者｜親子天下股份有限公司　地址｜臺北市 104 建國北路一段 96 號 4 樓
電話｜（02）2509-2800　傳真｜（02）2509-2462　網址｜ www.parenting.com.tw
讀者服務專線｜（02）2662-0332　週一～週五 09:00~17:30
讀者服務傳真｜（02）2662-6048　客服信箱｜ parenting@cw.com.tw
法律顧問｜台英國際商務法律事務所 羅明通律師
製版印刷｜中原造像股份有限公司
總經銷｜大和圖書有限公司　電話（02）8990-2588
出版日期｜ 2022 年 5 月第一版第一次印行
2024 年 7 月第一版第六次印行

優質文本 X 深度理解

從閱讀梳理思路，培養解決問題的學習力

《閱讀素養題本》每道提問均有清楚具體的評量目標，分為「擷取訊息」、「統整解釋」、「省思評鑑」，配合詳解，能幫助讀者辨識文本重要結構，充分了解文章意涵與背後假設，並結合自身經驗提出個人觀點。期待讀者透過題目的引導，更進一步的理解選文，有效提升閱讀素養與思考探究，從而獲得面對生活各種問題的關鍵能力！

題目設計團隊　品學堂

2013 年，品學堂《閱讀理解》學習誌創刊，全力投入閱讀評量與文本的研發；以國際閱讀教育趨勢與 PISA 閱讀素養為規範，團隊設計的每一篇文本與評量組合，即為一次完整的閱讀素養學習。為孩子與教學者，提供跨領域閱讀素養教學教材及線上、線下整合的學習評量系統。

為推動全面性的閱讀素養教育，品學堂也走向教學現場，與各級學校和教育主管單位合作，持續為教師提供閱讀教育增能研習，同時為學生開辦營隊。期望讓我們的下一代能閱讀生活、理解世界、創造未來。

親子天下 Education · Parenting Family Lifestyle